김어준
평전

은하계 최초
잡놈

김어준
평전

김용민 지음

인터하우스

"나는 9년간 가장 가까이서 현미경을 들이댄 관찰자"

차례

머리말

'예능'을 '다큐'로 받아들이지는 말지어다!

『김어준 평전』. 책 표지에 박힌 제목과 저자 이름을 보고 이 시점에 왜 김어준을 이야기하는가, 하필 저자가 김용민인가, 이런 의문부터 가질 것이다.

그와 나는 팟캐스트 '나는 꼼수다'(나꼼수)의 멤버 사이인데, 그 이상의 끈끈함이 작용하는 '특수관계'라는 당신의 인식이 맞다. 그런 내가 사석에서 '형'이라고 부르는 김어준의 평전을 쓴다?

이 물음에 대한 변명부터 하고 그의 이야기를 하는 것이 순서일 것 같다. 나는 김어준의 동지임과 아울러 지난 9년 동안 가까운 거리에서 그에게 현미경을 들이댄 관찰자였다. 이것만으로도 내가 김어준 평전을 쓸 적임자가 아닐까?

김어준은 같은 이름('김어준 평전')의 라디오 드라마가 방송될 때 "나꼼수를 변명, 해명의 기회로 삼으면 안 된다. 쪼잔해 보여!"라는 메시지를 보내왔다. 그러니 그가 이 작업을 쉬이 동의할 것 같지는 않다. 하지만 자서전이 아닌 바에야 '내가 생각하는 김어준'을 쓰겠다는데, 그가 용훼할 자격이 있을까. 내가 쓰면 그만 아닌가.

그럼 나는 왜 김어준 평전을 써야 하는가. 이 물음에 대한 답은 이 책을 읽으면 자연스럽게 얻어지겠지만, 여기에서는 이 말만 하고 시작하겠다. 그만한 '탐구 대상 인물'이 또 있을까.

자, 책 제목 보고 일단 한 번 웃자. 지금까지 나온 '평전'의 주인공 중 '가장 잡스런 위인'의 평전. 웃기지, 웃기지 않은가. 삶이 곧 한국독립운동사(史)인 김구와 달리, 광기의 권력의지로 유럽을 도륙 낸 히틀러와 달리, 아무짝에도 쓸모없는 노동법전과 함께 산화하며 청년예수의 삶을 산 전태일과 달리, 그는 과하게 육식과 흡연, 여성 망사스타킹에 탐닉하는 위인이다. '부조화'가 유머를 유발할 수 있다는데 동의할 수 있다면, '김어준'과 '평전'이라는 두 낱말의 어색한 만남, 이만한 웃음 유발 코드가 또 있을까. '예능'을 '다큐'로 받아들이지 말지어다. 의심과 우려는 탈착하라.

탐욕적 자본과 수구기득권 그리고 기회주의가 판치는 전대미문의 세상이다. 악은 자기를 악이라고 말하지 않는다. 자본으로, 권력으로 흉한 본질에 분칠한다. 우리는 여기에 속고 있고, 또 속아주고 있다. 알량한 반대급부를 기대하며.

이러는 가운데 집권세력은 장악한 언론을 이용한 프레임 전략, 불리할 때면 여지없이 차출하는 물귀신 작전 그리고 디지털 문명과 금권 등 신구이기(新舊利器)를 총동원한 기만적 선거기획 등을 오용하며 정국 주도권을 행사하고 있고, 이런 정권에게서 권력을 회수해야 할 야당은 정치적 농락 대상으로 전락하고 반전 포인트를 제대로 찾지 못하고 있다.

그런데 김어준은 이런 문제들을 선제적으로 예견했다. 그렇다면 그가 어떤 인간이기에 이런 통찰이 가능할까. 내가 김어준 평전을 쓰는 문제의식은 여기서 출발한다.

이는 정형화된 엘리트 교육과 무관했다. (계량화할 수 없으나) 절대적으로는 배낭여행을 통해 트인 세계시민으로서의 식견이라고 스스로 밝힌 바 있다. 그 말대로 '사람은 누구나 겪은 만큼, 딱 그만큼만 성장'하는 것이니까. '홍익대 전자공학과 4년 수학'이라는 그의 제도권적 공식 학력 따위로는 설명되어지지 않는다. 김어준에게 학교로, 전공분야로, 학습기간으로, 교수자의 면면으로 헤아림 되는 지식의 지경은 무의미하다. 물론 그 잣대로도 김어준이 단정된다며 상황은 달라진다. 우선 그에게 '근본

없음'이란 낙인을 찍고, 음모론 괴담의 아이콘을 추가 낙인을 박으려 한다. 나꼼수라는 난장에 경악한 것은 당연하다.

김어준은 그 개인도 중요하나 그 개인을 만든 환경과 구조 또한 연구 대상이다. 자유방임적으로 기른 부모님이 그러하고, '결국 인간이 사는 곳은 다 똑 같더라'고 일깨워준 배낭여행에서 마주친 세계가 그러했으며, 끊임없이 욕망을 추구하는 한국적 우파와 끊임없이 진정성을 확인받으려는 한국적 좌파가 그러했으며, 가부장적 유교문화에 미국적 천민자본주의가 통섭된 땅에서 '사업가, 이혼자, 언론인, 디지털문명전문가'로서의 노정이 그러했다. 김어준과 손잡고 그를 만든 학교로 들어가 보자. 그리고 그의 성장사를 지켜보자. 그리고 이 가운데 새로운 희망을 읽어보자.

2016. 5
김어준의 동지인 듯 보이나
이 책에서만은 그의 9년 된 관찰자
김용민

딴지그룹 총수 김어준.

기술과 정보의 산물인 인터넷에 풍자와 해학의 토대를 깔아놓은 프론티어.

그의 47년 일생을 돌아본다.

이 책을 그를 만든 김어준의 어머니에게 바친다.

엄마의
청춘

"내가 한 번이라도 너한테 성적표를 보여 달라고 한 적이 있느냐.
뭘 하지 마라, 뭘 해라, 그랬느냐.
그런데 대학 떨어졌다고 울어, 사내새끼가.
쯧쯧, 닥치고 나와서 밥 먹어!"

2004년 가을. 한 진보 성향의 인터넷방송 책임자로 있던 나는 국가보안법 폐지운동 연대사업에 (무슨 연유인지 기억에 없지만) 참여해 섭외를 맡았었다. 그때 나는 〈딴지일보〉도 이 문제에 관심을 갖고 있다고 판단하고 그 회사로 전화를 걸었다. 그 유명한 (?) 김어준 회사로. 나의 썰을 들은 상대, 껄껄댄다. 너털웃음의 주인공은 이렇게 말했다.

"우린 연대 같은 거 안 합니다."

그와의 통화에서 내가 들었던 말은 이게 전부였다. 기분이 안 좋았다.

1994년 봄. 훗날 신문기자가 될 백수 최아무개는 역시 백수인 김어준과 친구였다. 그들은 서로 일면식이 없었지만 PC통신 '천리안'에서 알고 지내는 사이였다. 당시 내로라하는 네티즌들은 2015년 11월 22일 서거한 대통령 김영삼(YS)의 진지였던 '청와대 한마당'(go bluehs)에 모여들어 시국현안에 대해 토론했는데, 대부분이 YS에 대해 야유와 비난을 퍼붓고 있었다. 최아무개와 김어준도 이 마당의 단골이었다. 어느 날 김어준이 최아무개에게 묻는다.

"ad74, 저 새끼, 대학생이라면서 우익 대변하네. 뭐 저런 놈이 다 있지?"

최아무개가 내게 귀띔해주어서 알게 된 이 대화에서 김어준을 불쾌하게 한 그 'ad74'는 바로 나의 ID였다.

2006년 6월 15일 SBS 라디오 스튜디오. 독일월드컵 특집방송 '신화는 계속된다'를 진행하고 있던 나는 한 출연자를 맞는다. 스포츠에 관한한 〈조선일보〉를 능가하는 '내셔널리스트'인 그는 태극전사가 4강까지 '갈 수밖에 없는' 이유를 풀어냈다. 거기에 동조 못하는 나는 속으로 그를 비웃었다. 그가 김어준이었다.

2012년 대통령선거가 끝나고 김어준이 〈시사인〉 주진우 기자와 함께 해외로 출타하고 두어 달 지났을 즈음. 박지만 씨 명예훼손 사건을 수사하던 검찰이 내게 전화를 걸어와 김어준의 출두명령을 '전해 달'라고 했다. 알다시피 나는 그의 법률 대리인이 아니며, 가족도 아니다. 그래서 "그걸 왜 나한테 말하시오?"라고 했다. 그러자 수사관 왈, "사실상 한 식구 아니냐!" 했다. 공공수사기관의 인식이 이러할진대 일반인들은 오죽하랴 싶다. 지금도 심심찮게 김어준에 대한 안부, 섭외, 청탁 전화가 내게 걸려온다. 심지어 그의 발언과 행적을 두고 항의하는 메시지도 내게 온다. 김어준과 김용민, 참 얄궂은 인연의 연속이다.

때는 유신 말기, 초등학생 김어준의 아침 밥상. 점잖은 아버지는 오늘도 신문을 펼친다.

"에헤, 술자리에서 대통령 흉 좀 봤다고 잡아가나? 긴급조치, 그게 도대체 뭔데."

어머니가 냄비를 식탁으로 옮기며 한 마디.

"밥상에서 신문 보지 말라고 했지?"

그러자 아버지가 낮은 어조로 항의한다.

"아니, 신문지를 밥상 위에 올려놓고 보는 게 아닌데……. 당신은 이 소식을 보고도 답답함을 못 느껴?"

어머니의 금속성 목소리의 파편이 엉뚱한 곳으로 튄다.

"닥치고 식사하세요. 나, 그런 거 잘 몰라요. 어준아! 학교가야지, 빨리 밥 먹어! 수아(동생) 깨우고!"

인문주의자였던 아버지와 실천주의자였던 어머니 사이의 가벼운 티격태격은 이 집의 아침 '알람'이었다. 여기서 관심의 초점을 어머니에게 맞춰본다.

나꼼수(팟캐스트 '나는 꼼수다') 투어 때 알게 된 건데, 김어준에게는 달걀 열 개는 깨야 프라이가 된다. 누군가 달걀의 일일권장량이 두 개라 했지만, 김어준에게 그것은 '장난'이었다. 4인 가족 기준으로 끼니 당 한 판을 해서 먹는 것이 김어준의 상식이었다. 김어준의 집 옆에 양계장이 있다는 지리학적 요소는 이 상식의 기준에 영향을 미치지 못한다. 이 상식의 결정적인 요인은 어머니의 손 크기. 과자는 봉지가 아니라 박스째, 콜라는 병이 아니라 페트병 박스, 삼계탕이라면 노란 찜통에 한꺼번에 열댓 마리는 삶아서 식구들은 물론이거니와, 친구들까지 불러서 먹여야 직성이 풀리는 '큰손'이었다.

그의 어머니를 파악할 또 다른 코드는 바로 '강함'이다.

1987년 말. 서울대를 목표로 재수를 하던 김어준은 또 떨어졌다. 옹졸한 모습을 의연한 척으로 감추고 싶었던 김어준. 그는 화장실로 숨어 들어가 문을 잠그고 서러운 감정들을 쏟아내고 있었다. 귀신에 버금가는 촉수로 어머니가 아들의 패잔병 심리를 읽었다. 아들에게 투항을 요구한다. 아들이 저항한다. 문 안 아들과 문 밖 어머니의 대치. 인지상정, 그냥 내버려둬도 될 상황 아닌가. 그런데 화장실 문에 도끼가 꽂히기 시작했다. 문은 곧 파쇄됐다. 비굴한 자세의 아들이 도끼를 든 어머니 앞에 서있다.

"두 번 낙방한 게 뭔 대수냐. 그게 실패한 거냐? 그거에 힘 빠져서 숨은 곳이 화장실이라니, 쯧쯧……. 네가 내 아들 맞아? 내 아들 김어준 맞느냐고!"

감정을 격하게 토해낸 어머니는 잠시 후 입가에 배시시 미소를 짓는다.

"내가 한 번이라도 너한테 성적표를 보여 달라고 한 적이 있느냐. 뭘 하지 마라, 뭘 해라, 그랬느냐. 그런데 대학 떨어졌다고 울어, 사내새끼가, 쯧쯧. 닥치고 나와서 밥 먹어!"

그렇게 대치상태를 풀고 김어준은 삼수까지 했지만 서울대는 난공불락이었다. 고3까지 우리 교육제도에 충실하며 착실하게 공부해 1, 2등 하던 김어준에게 서울대는 무슨 의미였을까.

"처음에는 굉장한 열등감에 빠졌어요. 그 나이 때 자기 존재의 우수성을 입증하는 거의 유일한 방법이 대학인데, 그게 안 됐으니까. 바로 군대를 다녀와서 대학에 들어갔는데 친구들은 조교인 거예요. 좀 혼란스러웠어요."《중등우리교육》 2001년 9월호 인터뷰 중)

김어준은 그 무렵 자기 자신을 돌아볼 요량으로 해외여행을 떠난다. 그런데 여행이 너무 재미있어 노는데 정신이 팔린 그는 정작 자신을 돌아보는 시간이 없었다. 그때 그는 깨달았다. 우리 사회가 그에게 요구했고 그도 당연한 줄 알았던 버젓한 정통의 코스에서 벗어나야 한다는 것을. 김어준은 서울대에 떨어지고 나서 이렇게 외려 자유로워졌다. 특히 그럴듯해 보여야 된다는 것으로부터 자유로워졌다.

그랬다. 서울대 삼수 끝에 홍익대 전기공학과에 입학한 김어준은 아직 '자존감'을 발견하지 못한 '완성되기 전 김어준'이 자신을 믿는 다른 방식을 터득한다. 자기보다 잘난 사람 만나면 곧바로 꼬리를 내려야 하는 상대적 자신감보다는 다른 사람들이 잘난 줄 알지만 그것과 상관없이 자신만의 자산을 정확하게 평가해서 그것에 만족하는 절대적 자신감이 중요하다는 것. 김어준은 "너는 바닥이야. 너는 회복할 수 없을 만큼 바닥이야!"라는 좌절감을 극복하면서 절대적 자신감을 갖게 된 것이다.

또한 그는 부족하다고 생각했던 자존감에 대한 나름의 철학을 정립한다. 내 차가 더 좋다거나, 내 성적이 더 좋다거나 하는 것처럼 남과의 비교우위를 통해 갖는 특정 능력에 대한 과신인 '자신감'과 달리 '자존감'은 외부적인 것과는 관계없이 자기객관화를 통해 형성되는 것이다. 따라서 자기객관화가 안 되면 자신의 약점을 감추기 위해 많은 에너지를 소모해야 한다. 그러나 내 부족한 부분까지 수긍하고 긍정하여 형성되는 자존감을 가지면 그러한 에너지를 쓰지 않아도 되고, 그만큼 여유가 생겨 '타자'를 쳐다볼 수 있게 된다고 그는 믿었다.

카리스마 넘치는 터프한 어머니가 김어준에게 매를 댄 적이 딱 한 번 있었다. 고등학교 때. 김어준이 자신의 방에서 담배를 피우고 있었다. 예고 없이 문을 연 어머니는 "집에서 담배 피우지 말라고 했지!"라며 호통 친다. 이때 김어준의 리액션은 아마 "우하하~!"였을 것 같다. 그리고 "그러셨지요!"라는 답이 이어졌을 테고. 어머니는 "아버지 꼴이 뭐가 되나?"라고 되묻고, 김어준은 추워서 방에서 피웠다고 답했으리라. 이때 어머니는 무미건조한 표정으로 김어준에게 다가가더니 뺨을 한 대 후려갈겼다. 그리고 이렇게 한마디 던졌다.

"방에서만 피워, 이 새끼야."

이후 어머니는 아들의 삶에 완력으로 개입하지 않았다. 모든 걸 알아서 하도록 했다. 가령, PC통신을 많이 해서 보통 2~3만원이면 될 전화요금이 10만원이 넘게 나오면, 대부분의 부모들은 경악을 하게 마련. 전화요금고지서를 들고 와서 아들의 콧구멍에 밀어 넣는다든가, 아니면 그걸로 애를 죽을 때까지 팬 다든지……. 그러나 그의 부모는 쿨했다. "이번에 많이 나왔는데……." 하며 고지서를 던져 주고는 "벌어서 네가 내!" 했다. 김어준이 유리창을 깼을 때도 혼내지 않고 스스로 교체비용을 내게 했었다.

그러나 이런 부모의 대응이 그에게는 자기가 책임질 수 있는 일이면 뭐든지 해도 된다는 철학을 갖게 만들었다.

지금이야 돌싱(돌아온 싱글)이 됐지만 첫 결혼 발표 때도 그랬다. "누구니? 어느 학교 나왔니? 예쁘니? 집안이 빵빵해?"라는 질문 대신 아주 심드렁하게 "언제?"라고만 물었다. 그의 부모는 아주 어릴 때부터 뭘 해라, 하지 마라, 이런 이야기를 하지 않았다. 공부를 해야 한다, 인생은 이래야 한다, 그런 이야기조차 하지 않았다. 김어준은 그래서 부모가 자신에게 관심이 없는 것 아닌가 하고 진지하게 고민했다. 맛있는 것을 두 내외만 먹다 들킨 부모는 항의하는 아들에게 이렇게 일갈했다나.

"너는 먹을 날이 많이 남았잖아!"

그가 어떻게 유난히 자유로운 영혼의 소유자가 되었는지 그의 진술을 한 번 들어보자. 1999년 12월에 나온 〈한겨레21〉

286호에서 김규항 〈고래가 그랬어〉 편집장과 최보은 〈케이블
TV〉 편집장과 함께 한 '쾌도난마' 대화록이다.

김어준　　난 학교 다닐 때 도시락을 잘 안 싸갔어. 왜냐, 엄마가
　　　　　귀찮아하니까. (웃음)

김규항　　어준이네 집은 어떤 시스템이냐 하면 부모가 자식에게
　　　　　해주는 게 하나도 없어. 그 대신 통제나 참견도 일체
　　　　　없어. 그러니까 이런 애가 나오는 거지.

최보은　　이상적인 가정이네.

김어준　　나도 어릴 땐, 불만도 있었는데……. 그런데 언젠가부
　　　　　터 도시락을 안 싸주는 게 마음이 더 편하더라. 엄마
　　　　　가 밤늦게까지 일하고 주무시는데 도시락을 싸주려고
　　　　　새벽에 일어나시는 거 보니까 마음이 안 된 거야.
　　　　　(중략)

김어준　　해주는 것이 없었다기보다, 그런 식으로 통제 없는 시
　　　　　스템 속에서 난 자율적인 인간이 된 거지. 맘대로 하되
　　　　　그 결과도 스스로 책임지는 거지.

김규항　　얘는 나중에 애 낳으면 어떻게 키울 거냐는 질문 받고
　　　　　이렇게 대답을 했대요. 어차피 될 놈은 되고 안 될 놈

은 안 되니까 그냥 놔둘 거다. (웃음)

김어준   난 이렇게 얘기해줄 거야. '빨간불일 때 서 있고 파란
불일 때 건너라'가 아니라 '애야, 사람들 많이 건널 때
따라 건너라'. (웃음)

김규항   김어준이라는 독특한 인간, 운동권이라든가 제대로 학
습을 했다든가 하는 경험이 없으면서도 세상을 바라보
는 눈은 대단히 정확하거든. 내가 얘를 '비학습좌파'라
고 부르는데, 배경에는 그런 부모님이 있었더라는 거지.

김어준   그런데 제가 사춘기를 지내며 부모님을 정말 반항 없
이 받아들이게 된 데는 계기가 있어요.

김규항   왜?

김어준   우리 아버지는 보수적인 양반인데, 조선일보보다 더 보
수적이야. 조선일보를 막 질책해. 왜 그거밖에 못하냐
고. (웃음) 한 번은 엄마가 지방에 가서 둘이 밥을 먹게
됐어. 당신께서 밥을 해서 둘이 쭈그리고 앉아 말 한
마디 없이 무지 썰렁하게 밥을 먹었지. 아버지는 나름
대로 하시느라고 고기를 구워놓았는데 한 10분 동안
무지 썰렁하게 먹다가 갑자기 고기 한 조각을 내 밥숟
가락 위에 올려놓으시더라고. 찡했어. 그때 난, 그냥 아

버지가 아니라 한 시대를 살아낸 50대의 중년남자를 아버지 속에서 봤지. 그때부터야, 내가 부모님을 그저 자식으로서가 아니라 인간적으로 사랑하게 된 건.

김어준은 평소 어머니를 "무식하다"고 했다. 그러나 곱씹어 보면 그 무식함은 단호함의 겸손한 표현 아닐까. 친척들 모임에서 신부 쪽이 다소 밑지는 혼사가 될 것 같아 저마다 우려 섞인 한마디를 하자, 호통 섞어 일침을 놓았다.

"다들, 닥치세요! 아니, 사랑한다고 하는데 그거면 됐지! 뭘 또 다른 조건을 봅니까? 네? 돈 때문에 사람 가슴에 못을 박으면 천벌을 받아요! 난 갑니다!"(월간 〈샘터〉 2003년 2월호)

그런 어머니가 보육원에서 다섯 살짜리 소란이를 데려와 결혼까지 시킬 거라고 말한 지 얼마 되지 않은 어느 날 갑자기 뇌출혈로 쓰러졌다. 담당 의사는 깨어나도 식물인간이 될 거라 했지만 엄마는 그나마 반신마비의 언어장애자가 됐다.

"아들은 이제 삼십 중반을 넘어섰고 마주 앉아 세상사는 이야기를 할 만큼 철도 들었는데, 정작 엄마는 말을 못한다.……. 엄마 덕분에 정신적으로든 육체적으로든 그 어떤 종류의 콤플렉스로부터도 자유롭게 사는 오늘의 내가 있음을 문득 문득 깨닫는 나이가 되었는데, 이제 엄마는 말을 못한다. 우리 가족들 중 아무도 알지 못하는 생면부지의 사람들이 병원으로 찾아와, 엄마의 휠체어 앞에 엎드려 서럽게 울고 가는 걸 보고 있노라면, '엄마는 도대체 어떻게 사신 거냐'고 물어보고 싶은 게 너무나 많은데 말이다."(월간 〈샘터〉 2003년 2월호)

어머니가 정정할 때인 1999년 '김규항 김어준의 쾌도난마'에서 김규항이 이렇게 말했다.

"어준이가 다른 보통 남자들보다 부모에게 더 잘하거든. 의무감이 아니라 자발적이니까 진짜 효자지."

법원 검찰청 소환으로 시달리는 등 모진 세월을 겪는 '외아들' 김어준이 남에게 전혀 이야기하지 않은 게 하나 있다. 어머니를 10년 넘게 수발하고 있다는 점. 2015년에 내가 목격한 바다. 이 역시 의무감이 아니라 자발적일 테고.

자기내면화의
철학

"아, 나는 동물이다."

김어준은 이 발견을 매우 중요하게 생각한다.

그건 심리학에서 말하는 최초의 '자기대면'이기 때문이다.

김어준이 스스로 '동물'을 자각하는 순간은 '자기객관화'의 출발점이었다.

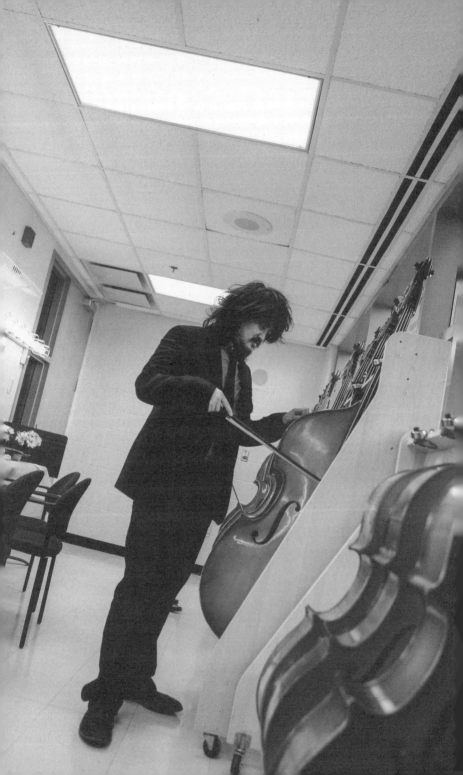

김어준이 중학교 3학년 때 일이다. 집에 들어왔는데 밥상이 차려져 있었다. 밥통을 열어보았다. 아무도 건드리지 않은 밥그릇이 놓여 있었다. 젓가락이 없었다. 순간 자신도 모르게 밥에 손을 꽂았다. 무슨 욕구였는지 모른다. 그런 짓은 이전에도 이후에도 해보지 않았을 테고. 밥을 움켜쥐었는데 굉장히 따뜻했다. 행복하기까지 했다. 손으로 밥을 먹었다. 차려진 김치찌개도 같은 방법으로 입에 넣었다. 김치찌개 국물이 옷에 튀고 난리여도 전혀 개의치 않았다. 냉장고를 열었다. 냉장고 안에 있는 음식도 먹었다. 모든 금기가 없어진 순간, 생삼겹살도 입에 넣으려던 순간, 몹시 차가운 고기의 온도가 제정신을 깨웠다. 그리고 큰 각성을 한다.

"아, 나는 동물이다."

김어준이 2011년 4월 12일 〈한겨레21〉이 주최한 인터뷰 특강 '내가 걸은 만큼 내 인생이다(나를 만든 첫 경험들)' 편에서 밝힌 일화이다. 학교에서 인간이 동물이라고 배웠지만 그보다 먼저 인간이 동물과 어떻게 다른 지부터 배웠기에 그는 자신이 동물이라고 한 번도 생각해보지 않았었기에 이 깨달음은 그만큼 충격적이었다.

대형 유인원인 인간 종이 숟가락으로 음식을 먹기 시작한 때가 청동기 어쩌고저쩌고 해봐야, 인간 종의 조상이 그 이전에 손으로 먹었던 기간에 비하면 얼마 안 된다. 그래서인지 김어준은 이날의 경험을 통해 손으로 먹는 쾌감, 즉 동물적 본능이 자신 안에 살아있었음을 확인한다. 아마 밀림에서 태어났다면 그렇게 먹었을 수도 있을 것이다. 그가 그동안 숟가락 식사를 당연하게 여겼던 것은 태어나자마자 부모들이 그렇게 사회화를 시켰기 때문이다. 김어준은 이 발견을 매우 중요하게 생각한다. 그건 심리학에서 말하는 최초의 '자기대면'이기 때문이다. 김어준이 스스로 '동물'을 자각하는 순간은 '자기객관화'의 출발점이었다. 그럼 그가 얻은 것을 무엇일까.

이후 김어준은 '자기객관화'라는 키워드를 매우 중요하게 생각한다. 그는 어른과 아이를 나누는 기준을 자기객관화 이전과 이후로 보았다. 그러면서 그는 나이를 먹으면 먹을수록 사람은 동물이구나 하는 생각이 들더라며 이런 말을 했다.

"여기 살아 있는 생명체 중에서 인간이 생각만큼 각별하냐
는 생각이 들었어. 내가 보기에는 그게 자기객관화의 연장인 것
같아. 그러다 보니 자꾸 다른 동물은 어떻게 사는지 자연스럽게
관심이 가는 거야."(《인물과 사상》 2009년 3월호 지승호와 인터뷰 중)

그래서 김어준은 자기와 만나지 못한 채 생물학적 어른이
돼가는 이들을 안타깝게 여긴다. 부모가 지극정성으로 조기교
육부터 진학, 취업, 결혼까지 모든 것을 대행해주는 탓에 자기대
면의 기회를 빼앗긴 '마마보이' '마마걸'. 김어준이 이들을 호환
마마다 더 무섭다고 생각하는 것은 어쩌면 당연하다. '방치'의
방식으로 양육된 그이기에. 방치된 속에서 김어준은 동물 본성
을 발견했고, 또 누구보다 먼저 자기 자신과 마주했다. 나의 이
같은 의미부여에 대해 김어준은 '무관심'이란 본질에 대한 과장
된 찬사라 할지 모르겠다.

아무튼 그런 어머니가 아들에게 '마지막 부탁'이라며 입을
열었다. 대학졸업 즈음인 1995년 초로 추정된다.

"흠……. 아버지가 널 이만큼 키웠으니 아들이 졸업하고 번
듯한 회사 들어갔다 말하고 싶어 하신다. 딱 3년만 회사를 다녀

라. 더는 바라지 않는다."

방내 금연도 그랬지만 취업 역시 핵심 명분은 '아버지 체면'이었다. 김어준은 쾌활한 답변으로 어머니에게 응수했다.

"뭐 딱히 아버지께서 대단한 자원을 대고, 남다른 노력을 기울이신 것 같지는 않지만……. 하하하~ 알았어요. 효도하는 셈 치지요. 그런데 분명히 약속하세요, 3년입니다, 3년. 3년 후에는 내 꼴리는 대로 살 거예요."

김어준은 당시 국내에서 월급을 가장 많이 주는 포스코(당시 포항제철 해외영업부)에 들어간다. 그런데 입사 8개월 만에 일이 터진다. 직장 상사였던 아무개 이사가 새벽 4시까지 이어진 회식 후 아침 7시까지 출근하라고 엄명을 내린다. 그것까지는 좋았다. 아무개 이사는 일찍 출근한 그에게 이렇게 말했다.

"내가 왜 일찍 오라고 한 줄 알아? 힘들고 피곤할 때일수록 오히려 정신을 차리고 새벽에 와서 일하는 자세 때문이야. 그러니까 내가 이 자리까지 오른 거 아니겠어?"

순간 김어준에게 밤새 달리고 다음날 아침 7시면 언제 그랬

냐는 듯 어김없이 출근하는 것이 자부심이 되어버린 그 사람이
너무 작아보였다. 그 사람처럼 돼야 할 운명의 자기 자신 또한
불쌍했다. 취업에 목숨을 건 바 없었던 김어준은 그날로 짐을
꾸렸다.

김어준에게 퇴직을 독촉한 것은 그 이사에 대한 측은지심
만이 아니었다. 까마귀 날자 배꽃 떨어지듯 때마침 게재된 두산
그룹의 신문광고도 한몫 거들었다.

'지금 배낭여행 중입니다!'*

집에서는 한동안 그의 사표 소식을 몰랐다. 그가 배낭여행
을 가기 위해 비행기를 탔을 때 해외출장 가는 줄로만 알았다.

배낭여행은 김어준의 인생에서 그를 만든 '전부'였다. 그때
그는 줄잡아 50개국을 여행했다. 김어준의 이름을 세상에 처음
알리게 된 것도 이 배낭여행이었다.

"광고회사 PD, 컴퓨터전문지 기자, 컴퓨터그래픽 전문가, 유

---

* 두산그룹은 임직원들의 사기를 북돋우고 현지체험으로 글로벌 마인드를 높이기 위
  해 1995년부터 해외문화탐방 지원제도를 운용하고 있는데, 2015년까지 약 3000여
  명, 전체 16%의 직원이 배낭여행을 다녀왔다.

수회사의 해외영업담당 등 젊은이에게 선망의 대상인 전문직업
인들이 돌연 사표를 던지고 유럽 배낭여행을 떠나 화제가 되고
있다. 화제의 주인공은 H컴퓨터잡지 기자 조양일 씨(28)를 비롯,
CF 조감독 최철호(28), 포스코개발 해외영업담당 김어준(28), 여
행가이드 심철보(28), J기획 오디오담당 이지영 씨(25·여) 등 5명.
이들은 한 달여 동안 유럽을 누비며 각종 여행정보는 물론 파리
에펠탑을 배경으로 가장 근사한 사진을 찍을 수 있는 위치, 몽
파르나스 거리의 사무실 임대료, 독일 프랑크푸르트의 중고TV
가격, 이탈리아 오페라 극장의 입장권 예매 가격 등 책에서는
구할 수 없는 생생한 정보를 '사냥'할 계획이다."(《서울신문》 1995년
10월 2일)

　　김어준은 이들과 어떻게 '거사'를 모의(?)했을까. 〈서울신문〉
은 PC통신이 연결고리라며 김어준의 포부도 덧붙였다.

　　"막대한 연봉을 뿌리치고 나온 데 대해 주위의 걱정이 많은
게 사실이지만 원하는 일을 위해 얼마든지 모험을 감수할 용의
가 있다."

김어준에게 여행DNA를 발견하게 한 심적 동력은 무엇일까. 그건 아마도 '보고 싶은 것은 봐야 한다는 믿음'이었다. 그는 어떤 커플이 사하라를 6개월 동안 도보로 여행했다는 〈리더스다이제스트〉 기사를 읽고, "굉장히 멋있다, 나도 사하라에 한 번 가봐야지" 하는 생각을 했고, 실제 사하라에 갔다. 어찌됐을까. 김어준은 사하라의 모래가 시작되는 데서 한 시간 동안 걸으면서 비로소 느꼈다.

"다 똑같네. 다 모래네. 내가 이것을 6개월 동안 봐야 하나."

그냥 사하라가 궁금했지만 6개월이 아니라 60분 만에 모래와 하늘만 존재하는 별 거 아닌 현실을 확인하고 돌아선다.

장소만이 아니다. 김어준은 야세르 아라파트 팔레스타인 자치정부 초대 수반이 보고 싶었다. 중학생 때 알게 되어 반한 남자. 실업자가 된 김어준은 관심 속 그 남자의 실사(實寫)를 찾아 떠난다. '아라파트가 안 만나주면 어떻게 하지?' 하는 염려는 '아라파트가 날 만나지 않겠다고 한 적은 없잖아!'라는 생각으로 일축했다. 그렇게 해서 이스라엘에 도착한 김어준. 몇 개의 검문소를 통과해 아라파트가 있는 곳에 도달했다. 여기까지가 어려웠다. 택시를 타고 도달한 아라파트 집 앞. 김어준은 자신이 아라파트에게 할 말이 없다는 걸 알고는 담벼락에서 사진 찍고 돌아왔다.

　　"그는 아랍을 여행하기 전까지는 아랍인들에 대해서 굉장
히 부정적인 선입견이 있었다고 말한다. 종교심이 강하고 배타적
이고 어설프고 게다가 테러리스트, 한마디로 나쁜 놈이었다는
것이다. 그에 비해 유태인은 머리 좋고 역경을 이겨낸 민족, 우
리 편이라는 생각이 강했다고 한다. 그런데 실제로 아랍을 여행
하면서 김어준은 큰 충격을 받는다. 아랍 버스에 올라와 검문을
하는 이스라엘 군인은 아랍의 편에서 보면 일본 순사였고, 팔레
스타인의 폭탄 투척을 그들의 등 뒤에서 봤더니 바로 우리 윤봉
길 의사의 도시락 폭탄과 다를 바 없었다는 게 그의 주장이다."
(정혜신의 『남자 vs 남자』 중에서. 2001)

　　김어준은 이 책에서 이집트에 남다른 애정을 표시했다. 사
기꾼도 많고, 바가지도 심하고, 나라 전체가 시장통 같은 이집트
의 어수선함이 맘에 든다며 그는 주류라는 게 없어 보이기 때문
이라고 했다. 그냥 다들 떠들고 축제 같고 무엇보다도 개인의 삶
에 대한 억압이나 부당한 요구, 속임수 이런 게 없어서 좋아 보
인다는 것이다.

　　로마 테르미니 역. 석조 건물의 이 역사에는 여름이면 새벽
부터 유럽 전역에서 밤새 달려온 기차들이 부려 놓는 배낭족들
로 가득 찬다. 1991년 거기에서 일주일째 노숙하던 대학생 김어
준의 눈에 삐끼들이 들어왔다. 배낭족에게 숙박업소를 연결해
주는 알바들. 관찰 대상이 됐다. 인종마다 삐끼를 다르게 대우했
다. 서구인들은 "뜨거운 물 나오나?" 하는 질문을 던지지만, 동
양인은 의심과 경멸 어린 눈으로 쳐다보기만 할 뿐이었다.

　　"상대는 그저 삐끼인데, 새벽부터 역에 나와 먹고 살려고 발버
둥치는 생활인들에 불과한데, 왜 누구에게는 잔뜩 긴장하고 누
구는 하대하나. 왜냐. 삐끼가 백인이라서? 돈은 지가 내면서, 지
가 손님이면서. 동양인들, 흰색 피부를 우월적 존재의 징표로 부
지불식간 기정사실화하고 있단 거, 그날 그렇게 처음 깨달았다.
이후 몇 년간 배낭여행 동안 유사한 장면, 무수히 목격했다. 백
인 식당웨이터에게조차 과잉 깍듯한 동양인들, 마닐라의 식당에
선 절대 안 그런다. 이거, 나이나 학력, 심지어는 돈과도 무관했
다."(《한겨레》 2008년 5월 15일)

　　그러나 정작 동양인을 하대하는 백인의 텃세는 없었을까.

있는 정도가 아니다. 김어준은 당사자였다. 역시 이탈리아에서의
일이다. 몸이 산더미 같은 어떤 남자가 새치기를 했다. 인종차별
적 폭거로 인식되게끔. 김어준이 뭐라고 실컷 항의했다. 그러자
저쪽에서 물리력을 행사했다. 김어준, 그 자리에서 쌈질을 벌였
다. 그는 김어준에게 코피를 보이고 말았다. 상대가 뭐라 생각하
건 김어준은 승리의 쾌재를 불렀다. 그네들 문화권에서 코피가
무엇을 의미하는지 중요하지 않았다.

사업가가
되다

"둘 다 갖고 싶다. 선택하기 싫은 거다.
하지만, 공짜는 없다. 우주 원리다. 뉴턴은 이걸 작용 반작용이라 했다.
근데 이 말 가만 뒤집어 보면, 비용 지불한 건 온전히 자기 거란 소리다.
이 대목이 포인트다. 공짜가 아니었잖아."

'자존감의 학교'에서는 열 살 남짓한 소년도 선생이었다. 1992년, 김어준이 터키를 여행할 때였다. 카파도키아의 가장 높은 지대에 올라 끼니를 때우려고 가방에서 샌드위치를 꺼내자 어디선가에서 나타난 열 살가량의 아이가 그 샌드위치를 뚫어져라 쳐다봤다. 그 아이의 눈빛이 너무 간절해 김어준은 그걸 먹을 수 없었다. 어쩔 수 없이 그 아이에게 주고는 김어준은 말이 통하지 않았지만 그림까지 그려가며 열심히 이야기를 나눴다. 여행 전 쿠르드 족 학살에 대한 외신보도를 읽었던 기억이 나서 그 아이에게 쿠르드 족이냐고 물었더니 그렇다고 했다. 부모와 형이 모두 죽고 그만 살아남아 그곳에서 구걸로 지낸다는 말에 김어준의 눈물보가 터졌다. 그는 아이를 안고 같이 울었다.

이 일화를 통해 '무학(無學)의 통찰'을 깨달은 김어준은 '타자에 대한 감정이입'이 '지성'으로 연결된다는 평소의 생각을 더욱 굳게 믿게 된다. 그래서 김어준은 스스로를 지식인이라고 부르는데 주저하지 않는다.

바로 그 해였다. 스물다섯 살 김어준은 프랑스 오페라대로
의 한 양복점 쇼윈도 앞에 서 있다. 휴고보스(Hugo Boss)라는
독일 브랜드의 양복. 한 벌에 120만 원. 두 달 반 동안의 생활비,
아니 돌아갈 비행기 삯까지 탈탈 털어야 사 입을 수 있다. 하지
만 김어준은 기꺼이 교환했다. 왜 이런 선택을 했는지 그의 언설
을 직접 들어보자.

"사람들은 난감한 상황에 부닥치면 대부분 상황 자체를 따
지는 데 매몰된다. 그리고 그 상황에서 어떻게 하면 비용을 지
불하지 않을까부터 따진다. 세상에 공짜는 없잖아. 내가 뭔가를
하면서 그로 인한 대가를 지불하지 않으려 하기 때문에 문제가
생기거나 그 일을 못하는 거야. 뭘 하는데 대가를 지불할 의사
가 있다면 그걸 감수하는 거야. 둘 다 갖고 싶다. 선택하기 싫은
거다. 하지만, 공짜는 없다. 우주 원리다. 뉴턴은 이걸 작용 반작
용이라 했다. 근데 이 말 가만 뒤집어 보면, 비용 지불한 건 온전
히 자기 거란 소리다. 이 대목이 포인트다. 공짜가 아니었잖아."

이 말은 그가 인생에서 중요한 결정을 해야 하는 이들에게

해주는 단골 조언이 되었다. 아무튼 주머니에 있는 것 몽땅 다 털어 보스양복을 샀으니, 이제 그는 국제미아 신세가 될 상황이 었다. 김어준은, 그러나, 그 보스양복을 입고 공원에서 노숙을 한다. 노숙자 중 가장 멋진 옷을 입고 있다는 자부심을 곧추 세우면서 말이다.

그리고 김어준은 이 난감한 상황을 어떻게 벗어날까 궁리하다, 숙소 삐끼를 해야겠다고 맘먹고 역 근처의 한 호스텔에 갔다. 거기서 하룻밤 자고 나오면서 주인과 협상을 벌였다.

"동양인을 3명 데려오면 잠을 재워주고, 4명부터는 이윤을 반반씩 나누자!"

일손이 달리는 호스텔의 주인은 잃을 게 없으니 이 정장 입은 삐끼와 딜을 했고, 김어준은 역으로 나가 한 시간 만에 30명을 데리고 왔다. 보스 양복 차림이 신뢰감을 준 걸까. 그런 식으로 며칠을 하자 주인은 떠나지 말라고 그를 붙잡는 상황이 되었다. 그렇게 일주일이 지났고, 아예 한 달 계약을 했다. 김어준은 체코에서 호객행위로 보름 만에 200만원을 벌었다. 호객 행위가 만만치 않으면 문을 닫는 낮 시간동안 청소를 하고 시트를 갈기도 했다. 김어준은 이를 경영수업으로 생각했다.

이후 김어준은 포스코를 그만두고 배낭여행으로 다진 경험을 토대로 벤처기업을 창업한다. 모든 지구촌을 네트워크로 연결한다는 의미로 회사이름을 '플래닛'이라고 정했다.

"자, 내일 미션입니다. 지도를 나눠 드릴 테니까, 내일 아침 7시, 역에서 기차를 타고 행선지로 가서 미션을 수행하세요."

플래닛의 업무는 신입사원에게 요구되는 모험과 도전정신이라는 덕목을 키워주면서 동시에 배낭여행까지 즐길 수 있도록 배낭여행과 기업의 해외연수를 접목시킨 프로그램이었다. 지금은 외려 식상한 느낌을 줄만큼 일반화 됐지만 당시에는 생소하기만 한 '벤처기업'을 창업한 김어준의 기획력은 빛을 발했다.

그의 기획력은 이미 객관적인 검증을 받은 바 있다. 1996년 4월 삼성영상사업단이 제1회 서울다큐멘터리영상제를 열었는데, 이때 김어준은 배낭여행 중 만났던 입양인을 소재로 한 '입양'이라는 기획안으로 최우수상을 받는다. 이 일로 김어준은 생애 최초로 신문에 이름이 등장한다.

"화장품 제조업체 주식회사 태평양 사원 18명은 최근 색다른 해외연수를 경험했다. 이들은 연수내용을 전혀 알지 못한 채

프랑스 파리에 버려졌고, 즉시 파리시내의 한 인터넷 카페로 달려가야 했다.…… 이들이 경험한 인터넷 해외연수 프로그램을 개발한 이는 스물아홉 살 김어준 씨. 기업 해외연수 프로그램을 상품으로 개발하는 '해외연수 프로그램 기획자'다."(《경향신문》 1996년 6월 23일)

그런 남다른 기획력의 소유자였기에 김어준은 배낭여행을 통해 얻은 아이디어를 사업 아이템으로 삼은 것이다. 그 분야는 누구도 손대지 않은, 이른바 '질서'가 형성되지 않던 블루오션이었다. '플래닛'이 날개를 달고 전 세계를 주유하면서 날로 번창했음은 두말하면 잔소리다. 열 평 남짓한 오피스텔 사무실에 486급 컴퓨터 한 대와 여직원 한 명으로 시작한 회사는 어느새 직원이 20명으로 늘어날 만큼 쑥쑥 컸다. 한 건 한 건 하루하루 최선을 다하며 청년사업가 김어준은 작은 희망을 축적해가며 사업을 키워가는 데 여념이 없었다.

'그런데……' 하고 성공한 사람들의 이야기 구조에서 빠지지 않는 반전, 예기치 않은 불운이 그에게도 예외 없이 닥친다. 바로 외환위기였다. 사업의 성격상 많은 '축적'은 불가능했다. 한 업체를 상대로 벌인 사업에서 생긴 수익은 다음 업체의 착수금

으로 써야 했기 때문이다. 더욱이 이 착수금은 어떠한 보증체계
도 없었다. 업체와 신용만이 유일한 보증이었기에 리스크 또한
클 수밖에 없었다. 그런데 프로그램을 진행하기로 하고 착수금
을 이미 집행한 상태에서 의뢰 업체가 용역을 갑자기 취소하는
일이 벌어진 것이다. 당시 생소한 프로그램이라 수주에 더 집중
하는 관계로 계약서에 해약금 따위의 조항은 꿈도 꿀 수 없었던
터. 이 업체의 변덕만이 아니었다. 함께 동고동락하던 노동자들
마저 길거리로 내보내는 판에 직원 배낭여행은 언감생심이었다.
김어준, 결국 회사 문을 닫는다.

　　여기서 여담 하나 덧붙인다. 김어준 트레이드마크는 '털'이
다. 그는 왜 수염을 길렀을까.

　　하루는 택배 배달원이 플래닛에 물건을 배달하러 와서 사
장인 김어준에게 "너희 사장 어디 있느냐"고 묻더란다. 직원이
감히 수염을 기르지는 못하던 시절이었으니, 나 사장이요 하는
징표로 삼았던 것이다.

　　이제 김어준은 수염을 더 기를 여지가 없어졌다. 1998년 2월,
사무실을 정리하고 건물을 나서는데, 눈앞에 계란빵 장수가 보
였다. 이 계란빵은 IMF가 없었다. 밀가루가 떨어지면 그날로 장
사를 접는 호기를 부릴 수 있는 매력이 있었다. 김어준은 계란

빵을 한 입 물었다. 두 눈은 그야말로 '심쿵'에 '하트 뿅뿅'이었다. 김어준은 이 계란빵 장수에게 동업을 제안한다. 레시피를 제공해주면 전국 체인을 구성해보겠다는 즉자적이며 야심찬 기획이었다. 그러나 절기가 이미 봄의 길목에 들어선 그때는 계란빵 종업 시점이었다. 그러자 김어준은 10월에 다시 만나자고 말하고 계란빵 장수와 헤어진다.

딴지일보를
창간하다

돈, 힘, 권위, 역사가 없는 그로서는 '재미'를 무기로 삼았다.
거기에서 패러디라는 딴지일보의 독특한 스타일이 등장했다.
비단 패러디라는 표현 양식만이 아니었다.

"기사들의 발랄함을 한 겹 벗겨내면, 그곳은 슬픔과 분노와 정의감의 거처다.
세계의 비참이 거기 웅크리고 있다."(고종석, 〈시사IN〉 125호)

즉흥적이었지만 계란빵 장사도 잠시 유보되자 김어준은 계란빵 장사를 하게 될 10월까지 남은 7개월 동안 무얼 할지 고민했다. 일단 가진 기술을 활용하여 인터넷 홈페이지 하나를 뚝딱 만들었다. 그 이름은 2015년 현재까지도 온존하는 〈딴지일보〉.

1998년 7월 4일, 이 바닥(언론) 용어로 하면 창간한 것이다. 조선일보 인터넷 홈페이지를 패러디한 딴지일보는 그러나 고작 10회의 클릭에 그치고 말았다. 그렇다고 길거리를 나다니며 호객할 수도 없는 노릇, 김어준은 홈페이지 게시판 반응이 최고의 홍보수단이라 판단하고 본인이 직접 댓글을 단다.

"와, 재밌네요. 이런 인터넷신문 처음이에요!"
"와, 진짜 웃겨요. 이런 신문, 언제 나왔어요?"

'댓글 공작'의 원조, 실은 김어준인 셈이다. 그러나 김어준

은 그 이후로 댓글을 쓴다든가 SNS 등을 이용한다든가 하는 일
을 하지 않았다. "트위터 하나 만들 생각은 왜 안 하느냐?"라고
물으면 그는 "나는 그런 거 필요 없어"라며 일축한다. 특히 그는
나꼼수를 하는 동안은 SNS를 하지 않았다. 나꼼수가 늘 논쟁적
인 지점이 있을 수밖에 없었기 때문이다.

"특히 진보는 논리적 정합성을 중요하게 생각한다. 사실 이
것은 매우 중요하다. 그 과정에서 진보의 성찰이 일어난다. 하지
만 지금 난 그럴 여력이 없다. 논리로 이기는 것보다 더 중요한
게 있다. 논리로는 이길 수 없는 대상과 싸우기 때문에. 그래서
SNS를 안 한다."(2011년 9월 2일 서울대 청춘 콘서트)

김어준은 그렇게 몇날 며칠을 방 속에 갇혀 딴지일보 제작
에 몰두했다. 그룹총수 겸 발행인 겸 편집장 겸 취재기자 겸 프
로그래머 겸 디자이너 겸 운전기사 겸 환경미화원으로 밤 10시
부터 새벽 5시까지 자기 방에 틀어박혀 컴퓨터에 코를 박고 몇
개월을 지낸다. 계란빵 장사와 계약(?)은 없었던 일이 될 만큼 그
에게 있어 우연히 발견한 인터넷은 매우 유용한 '신문명의 이기'
였다.

"인터넷의 진정한 미덕은 일방적인 신에 대한 맹종과 관심으로부터, 인간으로 그것의 대상과 주체가 옮겨지게 했던 중세의 르네상스처럼, 기존 사회의 권력구조를 그 뿌리부터 근본적으로 뒤흔들어 힘없고 이름 없던 개개인이 스스로 권력의 주체가 되도록 한다는 데 있다. 인터넷의 모든 권력은 개개인의 마우스 클릭에서 출발하기 때문이다."(《월간 경향잡지》 2000년 3월호)

오로지 개개인의 자유의지와 취향에 따라 마우스가 움직이고, 그 마우스가 클릭하지 않는 그 어떤 것도 힘을 가질 수 없으며, 그 개개인의 마우스가 응집될 때 기득권이나 대자본의 힘과 맞대응할 수 있는 곳이 바로 인터넷이다. 그래서 그는 인터넷을 기술적, 경제적 관점에서만 보면 박통식 짝퉁 근대화가 남겨놓은 정신적 공황을 반복하는 꼴이 된다고 내다봤다. 진정으로 인터넷과 더불어 이야기되고 바라보고 또 준비되어야 할 것은 우리들의 권리의식이라고 그는 말했다.

그러면서 김어준은 너무도 오랫동안 아예 있는 줄도 모르고 살았던 우리의 그 권리들을 찾아야 한다고 목소리를 높였다. 권리의식을 가질 때, 인터넷은 개인이 기대한 자본과 권력에 일방적으로 예속되거나 지배받는 구조를 타파하는 핵심적인 개념이

될 것이고. 우리 사회가 근대적 시민사회로 거듭나는 데 필수적
인 훈련공간이 될 것이라고 전망했다.

논객 노정태는 〈프레시안〉에 "아르마니 탐했던 소년, '진보
교주'로 부활하다!"라는 제목의 기고를 통해 배낭여행 중 다비
드 상을 접한 김어준의 발언이 문제적이라고 말한다.

"이후, 길든 짧은 여행에서 돌아와 국적 불명의 아파트로 가
득 찬 대한민국의 도시를 다시 마주하는 순간마다, 떠오르는 단
상이 하나 있다. 우리 유전자 어딘가에 몇천 년을 축적해온 고
유한 선과 면과 색에 대한 감각이 분명 존재할 텐데, 식민과 전
쟁과 개발을 정신없이 겪어내느라 그 집단기억을 상실해버린 무
국적의 우리 도시들을 보고 있자면, 늑대소년으로 하여금 인간
의 언어를 잃고 으르렁거리는 것밖에 못 하게 만든 정글을 떠올
리게 된다. 난 이 콘크리트 정글에서 그렇게 늑대소년으로 길러
졌던 게다."

여기에 대해 노정태는 김어준이 "왜 자신의 미적 감수성이
그렇게 '후지게' 세팅되어 있었는지"에 대해 "명작들을 '외워서 시
험 보게' 만드는 한국의 공교육"이 "인간의 말을 배울 시기"를 놓

치게 해 결국 "늑대소년'과 다를 바 없"게 만들었다고 분석했다. 이 말은 근대적 시민사회로의 중생(重生), 상식이 통하는 나라로의 거듭남이라고 돌려 이야기할 수 있을 것이다. 이는 김어준이 딴지일보 창간의 목적성으로 수차례 언급한 부분이기도 하다. 딴지일보 창간사 일부다.

"몇십 년 전 TV가 등장했고, 비로소 다시 여러 사람에게 동시에 같은 메시지를 전달할 수 있는 시대가 재래했다. 더구나 이번엔 전 세계인을 상대로. 아테네 시대 이후 TV가 등장하기 전까지 어떤 미디어도 해낼 수 없었던 일이다. TV로 인해 누구나 한 순간을 공유할 수 있는 시대가 돌아왔다. 2,500년 전 아테네에서처럼 말이다. 그러나 TV는 반쪽짜리 Interactive 밖에 구현해 내지 못했다. 미디어의 주체는 소수며, 일방적이고 단방향이다. (중략) 그러나 역사는 반복된다. 아테네가 다시 오고 있다. 누구나 미디어의 주체가 되어 동일 공간에서 동일 순간을 공유하며 그 속에서 정치, 경제, 사회, 문화가 교감하던 아테네가 이제 다시 오고 있다. 한쪽에서 일방적으로 메시지를 전달하던 2,500여 년이 마감되고, 완전한 대중적 Interactive의 시대가, 그 옛날 올림피아에서 아테네인들 앞에 펼쳐졌듯, 우리 앞에 다시 열리려 하고 있다. (중략) 이제 새로운 Digital Ashen의 시대가 열리려 하고 있는 것이다. 이것이 결국 어떤 곳으로 우리를 이끌어 갈지는 모르지만, 적어도 한 가지만은 분명한 것 같다. 아테네에서 발언권 없이 침묵했던 것은 노예밖에 없었듯이 이 도래할 신시대의 시민이 되려거든 자신의 Digital 목소리를 내야 한다는 것이다. 딴지일보는 이 거대한 흐름 속에서 나름대로 제 목소리 한 번 내보려는 작고 희한한 지랄삥이다. 때론 실수하고 그러더라도 봐주기 바란다. 귀엽잖은가."

"국민권장체위 발표" "좃선 농썰 히떡 디비기" "미국 화장실을 알려주마" "명랑 성교육을 시켜주마!" "신문 확실히 끊는법" …… 창간하던 해인 1998년에 딴지일보가 다룬 주요 기사들인데, 초창기의 기사 대부분은 김어준이 썼다. 바이라인이 '딴지 XX부'로 달려 있으면 그 기사는 김어준의 쓴 것으로 보면 된다. 디지틀조선일보(현 조선닷컴)를 흉내 낸 틀에다, 정통 기사작성 방식과는 다른 문법에, 육두문자가 섞이고, '똥' '성기' '체위' 등 지극히 1차원적인 화두가 거침없이 남발되는 터였지만, 남다른 관점, 특히 국제적 안목만큼은 김어준(딴지일보)만의 힘이 있었다.

특히 딴지일보는 당시만 해도 성역이었던 조선일보를 거침없이 비판했다. 희화화가 단초였다. 1998년 8월 31일자에서 조선일보가 힐러리 여사가 남편 클린턴 대통령을 폭행했다는 기사를 미국 주간지 〈위클리 월드 뉴스〉에서 인용하자 이렇게 논평했다.

"이 기사에 본지 약간 충격을 먹었다. 씨바. 생각보다 졸라 거쎈 반격이었다. 이렇게까지 쎄게 나올 줄이야. 본지가 방심한 것이었다. 더구나 외국 전문세력과 결탁하다니……. 본지가 너무 좃선을 과소평가하고 있었던 것이다. 아무리 그래도 외국선수를 끌어들이기야 하겠냐며 느긋해 하던 본지의 판단은 너무도 안이했던 것이다. 본지 편집국은 조용히 본사 사옥 화장실 5사로 앞에 모여 원숭이가 서로의 털을 골라주듯 서로서로 똥꼬 털에 낀 똥가루를 털어내 주고, 똥침 한방씩을 다정스럽게 쑤욱 찔러 주는 것으로 서로를 다그치며 깊이 반성했다. 좃선이 인용 보도한 외국 전문 세력 〈위클리 월드 뉴스〉 그들은 과연 누구인가. 그들은 미국에서 주로 슈퍼 간 아줌마들이 계산대에서 차례 기다리면서 졸라 지겨울 때 펼쳐보고, 기냥 화장실로 던져버리는 심심풀이 땅콩 잡지로, 사실보도를 잡지의 수치로 생각하며 단 하나라도 사실인 것을 보도할 때는 편집진 모두가 자폭할 각오가 되어 있는 투철한 프로 싸이비 잡지다. 그들이 그간 다룬 주요기사를 보면, '인간보다 큰 파리 발견', '경악 악어인간 출현', '다리가 네 개인 여자 등장', '인어가 출현하다' 등 하나같이 졸라 주옥같은 기사들이다. 어디 그뿐인가. 정치면에는 '외계인은 클린턴을 지지한다!', '후세인 호모로 판명, 에이즈로 위독' 등의 전 세계적 특종을 냈고, 문화계 소식으로는 '사마귀 피아노 독주회 단독 중계' 같은 엄청난 기사를 토해낸 곳이었다. 이런 외국 전문세력을 끌어들이다니."

당대 최고의 논객으로 꼽힌 조선일보 주필 김대중(김대충)의 오역을 넘어선 원문 왜곡도 적나라하게 꼬집었다.

"김대충 구라주필의 눈부신 영어는 이 정도다. 아, 그의 화려한 영문법 기술들, 관련 없는 단어 끌어와 뒤집어씌우기, 맘에 안 드는 단어는 짤라내 버리고 나머지로 정반대의 뜻 문장 만들어 내기, 아예 없는 단어도 명상을 통해 맹글어내기, 문장 뜻과 정반대로 결론내리기. 가슴이 벅차지 않은가. 똥꼬 깊숙칸 데서 꾸역꾸역 밀려오는 감동이 오줌 싸고 난 뒤처럼 온몸을 부르르 떨게 한다. 그녀의 화려하고 예술적인 종합 구라기술들을 배

우기 위해 본 기자는 앞으로 차근차근 그녀의 구라들을 공부해
볼 생각이다. 그녀가 직접 표지모델로 등장한 〈城門지조때로영
문법〉의 장기 베스트셀러화를 두 손 모아 축원하면서, 앞으로는
과연 어떤 신영문법을 또다시 창조해 낼지 똥꼬가 벌렁거리도록
궁금하다."

　조선일보의 극우 이미지를 견인한 조갑제(조깟제)의 '최장집
색깔시비'도 특유의 유쾌한 필치로 풍자했다. 최내현 논설우원
의 글이다.

　"상식적으로 생각해서 국민의 동의를 중요시하는 그람시 사
상이 북한의 전체주의, 봉건주의를 찬양하는 건 택도 없는 얘기
다. 그람시가 스탈린을 무지하게 싫어했듯이 말이다. 그런데 그는
이 둘을 교묘하게 연결시킨다. 어떻게? '국가부정'이라는 공통점
을 지니기 때문이다. 말하자면 이렇다. (1)그람시=최장집 (2)최장
집=국가부정 (3)김일성=국가부정 (4)따라서 (2)=(3). (1)이 맞
냐는 것조차 의문시되고, (2)도 민주주의에 대한 무시에서 나온
다. 좋다. 그걸 다 떠나서도 이 논리가 과연 맞나? 이렇게 얘기하
면 어떨까? 최장집도 김일성을 싫어한다. 조갑제도 싫어한다. 고

로 최장집과 조갑제는 똑같다. 다르게 하자. 좃선일보는 김대중 (김대중 당시 대통령)에 비판적이다. 〈말〉지도 김대중에 비판적이다. 따라서 좃선일보=〈말〉지다. 조갑제 부장, 기분 좋수?"

김어준은 조선일보를 '좃선'으로 표기했다. '자지가 발기한 다'는 취지였다면 '좆선'이 합당할 텐데 왜 이렇게 표시했을까. '좆선'이 갖는 직선적 이미지에서 한 발짝 물리는 '여백의 미'라고 할까. 2012년 대선국면에서 내가 조선일보 지면 패러디인 '조일보'를 제작했을 때에도 김어준은 "의미 전달이 되는 선에서 표현하되 직설을 삼가는 게 좋겠다"고 조언한 바 있다.

딴지일보가 풍자한 것은 색깔론으로 먹고 사는 타락한 언론이었다. '한국농담'도 표적이었다. 한동안 딴지일보가 대문에 게시한 "본지는 '한국농담'을 능가하며 B급 오락영화 수준을 지향하는 초절정 하이코메디 씨니컬 패러디 황색 싸이비 싸이버 루머 저널이다"는 소개문에 등장하는 '한국농담'은 본래 '한국논단'을 비꼬는 것이다. 초창기에 리영희 등이 민주화운동 개관을 쓰는 등 중도 성향이던 이 전문지는 김영삼 정부 이후 극우적 노선을 걷더니 광주민주화운동 및 제주4.3사건의 북한 개입설을 주장하는 등 허무맹랑한 논조로 빈축을 샀다. 일개잡지에 불과한 한국논단이 세상에 알려진 데에는 15대 대선을 앞둔 시점의 이른바 '사상검증 토론회' 생중계가 계기가 됐다. 딴지일보가 그냥 넘어가지 않았다. 당시만 해도 딴지일보는 '한국논단'을 '한국농담'이 아닌 '한국논다'로 표현했다. 필진 도규니의 글.

"아, 한국논다 이야기를 하니 가슴이 아파온다. 지난 대선 사상검증대토론회에서 3개 방송사를 통해 7시간이나 생중계를 때리면서 '김대중은 빨갱이다'라고 그렇게 힌트를 줬건만, 우매한 국민들이 말귀를 못 알아먹고 그 중요한 토론회를 보면서 웃고 지랄할 때부터 알아봤다. 그 중요한 토론회에서 웃기는 왜 웃냔 말이다. 이제 국민의 수준도 맛이 갔다. 빨갱이 이야기를 하는데 웃다니. 과거 같으면 상상도 할 수 없는 일이다. 통탄할 노릇이 아닐 수 없다."

'허용 가능한 선' 안에서의 권력자 풍자는 있었지만 우익 한나라당 조선일보 등 엄존하는 성역을 희화화하는 단계까지 이른 시사 코미디는 전대미문이었다. 딴지일보는 36년만의 정권교체와 함께 시도된 디지털 시민혁명으로 승화되고 있었다. 기고자들이 속출하고 콘텐츠는 더욱 풍성해졌다. 이는 '모든 시민은

기자다'를 모토로 내걸고 2000년 창간한 오마이뉴스보다 앞선
시민기자 시스템이었다. 오마이뉴스 대표기자 오연호의 회고다.

"당시 딴지일보의 사옥은 매우 초라한 사무실이었다. 고작
6명 정도의 직원에 컴퓨터 몇 대 있는 게 전부인 열악한 현실에
반비례하여 딴지일보는 엄청난 파급력을 가졌다. 그래서 나도
할 수 있겠다는 희망을 가지도록 했다."

그런데 김어준은 정통 스타일을 고집한 오연호와 달리 '패러
디'를 주무기로 삼았다. 이는 김어준식 메시지 확산의 기제였다.
오연호의 논문 '상호작용성의 두 차원과 인터넷저널리스트의 변
천'에 따르면, 김어준은 어떻게 하면 자신의 말을 사람들이 들어
줄까 고민했는데, 돈, 힘, 권위, 역사가 없는 그로서는 '재미'를 무
기로 삼았다. 거기에서 패러디라는 딴지일보의 독특한 스타일이
등장했다. 비단 패러디라는 표현 양식만이 아니었다. 공학도답게
김어준은 플랫폼에 대한 관심 또한 커서 2013년 대선을 정점으
로 팟캐스트 '나꼼수'로 대박을 친다. 그런데 그는 이미 2000년
에 자기 목소리를 담아낼 독자적인 플랫폼을 만들고 싶어 했었
다(프로레슬러 김남훈 증언). 그래서 김어준은 랜선을 연결해야 하

는 독자 라디오 플랫폼 '우르부르'를 개발하기도 했다.

　김어준은 기성 언론사를 끼지 않은 명실공히 이 나라 최초 인터넷신문 창간 주역이다. 그러나 김어준의 자부심이 여기에 묶이는 것은 아니다. 그가 나한테 한 말이다.

　"딴지일보를 창간하고 17년이 지났다. 이 바닥에서 17년 간 유지된 인터넷 기업 봤냐?"

　대한민국 제1포털 네이버도 딴지일보의 후발주자라는 점은 분명하다. 발전성, 수익성만인가. 기반 즉 지속가능성, 이것이 성공의 요건이다. 그러나 딴지일보 역사에 창창한 서광만 있었던 건 아니다. 그래서 명암(明暗)을 다 봐야 하는데, 우선 명(明)부터 보자.

　2000년 2월 14일 〈연합뉴스〉는 모 벤처기업(훗날 야후로 밝혀짐)이 딴지일보를 800억 원에 인수 제의를 했다가 김어준으로부터 거절당했다고 보도했다. 당시 김어준은 '그 일에 대해서는 상대측과 없었던 일로 했다'는 말로 인수 제의가 있었음은 확인해 주었으나 '00일보를 인수할 정도의 금액은 아니었다'고 너스레를 떨면서 금액에 대해서는 끝내 함구했다.

김어준은 왜 이 제안을 거절했을까. '800억 제안' 그 자체만
으로도 그에게 딴지일보의 성장 가능성 일깨워준 것 같다. 여기
에다 특유의 자긍심이 더해지면서 그 이상의 가치로 키울 수 있
다는 믿음을 품게 됐던 것으로 판단된다. 그는 "(딴지일보가) 8조
원짜리도 될 수 있다고 생각했으니까요"라고 말했다.

성장 전망에 대한 확신, 호기롭기까지 한 이런 판단에는 논
리적 근거가 있었다. 당시는 '벤처'라는 이름만 들어가면 식당도
대박을 맞을 정도로 IT기업 성장세가 예측불허의 상황으로 확
산 팽창 그 자체였고, 36년만의 정권교체라는 현대사의 획기적
전환기를 맞아 딴지의 정신이 대중에게 먹혀들어간다는 믿음이
생겼기 때문일 것이다.

김어준은 곧 투자자를 모아 서울 영등포구 문래동 공장 건
물을 사들여 사옥을 조성한다. 실루엣으로 조성된 화장실, 사
창가 홍등 모양의 총수 집무실, 2층에서 1층까지 미끄럼틀 등이
딴지 특유의 발랄함을 상징한다. 당시 영화부장 한동원의 사옥
소개문은 이랬다.

"약속의 땅 영등포구 문래동에 우뚝 솟은 '딴지창고'에서
본지가 열어젖힐 민족정론질의 신세기가 눈에 선하지 않은가?

본지는 이곳 '딴지창고'를 세계 최고의 엽기도장으로 민족명랑의
식 선도의 장으로 선포하는 바이다. 그러나, 이건 본지가 나아갈
험난한 여정의 시작에 불과할 뿐. 아직 본지의 숙적인 좃선이 세
종로의 러브호텔 안에서 똬리를 틀어 대고 있는 지금, 본지가
어찌 방만할 수 있으리오. 좃선사옥 전체를 본사 공식 지정 화
장실로 구조 변경할 그날까지 본지는 민족정론질의 바튼 고비
를 늦추지 않으리라. 졸라!"

딴지일보의 사옥과 관련해 정신과 전문의 정혜신은 『남자
vs 남자』에서 이렇게 언급한다.

"김어준은 아직 규모가 작긴 하지만 딴지 사옥을 마련해
주방과 간이 바(bar)도 만들어놓고 수많은 딴지 식구들과 함께
삐딱한 책상에 앉아서 세상을 삐딱하게 보고 있다. 그가 말하
는 딴지그룹의 경영철학도 삐딱하기는 마찬가지다. '저희의 사
규는 '네 꿈을 이루어주마'예요. 직장이 바로 자신의 꿈을 실현
시켜줄 수 있는 공간이 되는 거죠. 저는 과거에 그 사람이 무엇
을 했는지 관심이 없습니다. 앞으로 하고 싶은 게 무엇인지가 중
요하죠.'"

    전제할 것은 김어준의 이 언사가 호기로운 때에 나온 것이
란 점이다. 고우영 '삼국지' 복원, 관광청 양심업체 인증, 노무현
이회창 박근혜 등 대선후보 잇단 인터뷰, '똥꼬프리' 팬티, 성인
사이트 '남로당' 론칭, 양심적인 여행사를 찾아나가는 작업이 그
러했다.

    그러나 딴지일보 전성기를 상징할 콘텐츠는 따로 있다.
2001년 8월 개시한 딴지일보 '웹토이 방송'이다.

    오전 8시 40분부터 새벽 2시까지 자체 제작한 10여 개의
프로그램과 음악은 수신전용 단말기 '우르부르'를 통해 송출됐
다. 매일 첫 방송은 총수 김어준의 '애국조례'였고, 교육프로그
램을 패러디한 '사투리 강좌', 성(性)을 소재로 한 '야설의 문', '파
토'라는 필명으로 널리 알려진 원종우의 '딴따라스페셜'이 서비
스됐다. 그러나 진정한 킬러 콘텐츠는 개그맨 김구라와 황봉알
이 진행하는 '김구라 황봉알의 시사대담'이었다.(원제목은 '시사대
담 딴장판'이었다.) 거침없는 욕설과 성 담론 그리고 시사 현안에
대한 '봐주기' 없는 독설은 대중에게 큰 호응을 불렀다. 딴지일
보는 김구라 등에게 우르부르를 대당 일정액을 나누며 출연료
로 대체하려 했다. 그러나 판매가 저조해 출연료 보전이 불가능
해지자 김구라 등은 방송에서 불만을 표시했고 추후에는 황봉

알과의 견해차로 방송을 중단한다. '시사대담'이 종방 되자 웹토
이 방송은 사실상 명맥이 끊긴다. 때는 딴지일보의 심각한 퇴조
기와 맞물린다.

여기서 잠깐, 김어준이 현 대통령 박근혜와 인터뷰를 한 점,
이미 주지되고 공지된 것이건만, 13년 지난 시점에는 그 의미가
새롭게 다가온다. 생각해보라. 김어준이 박근혜와 정담을 나눈
다? 그림이 안 그려진다. 그러나 실사다. 서두부분을 보자.

김어준　딴지일보 아시죠?

박근혜　예, 많이 들었어요.

김　읽어보지는 않으셨고요?

박　예. 그런데 굉장히 독특한 미디어 매체라고 알고 있습니다.

김　저희는 직선적이고 독설도 나오고, 에둘러 가지 않는데. 그
래서 당황스러우실지도 모르겠습니다.

박　한 번 해보십시오……. (양쪽 크게 웃음)

후에 김어준은 박근혜를 '틀에 박힌 말만 쏟아낸다'고 촌평
했다. 그러면서 기억에 남는, 또 하이라이트 부분으로 이 지점을
꼽았다.

김 음. 그러지 말고 그런 타입을 텔런트 중에 한 명……. 비주얼
   화해서 예로 드신다면.

박 (웃음) 장……. 뭐죠? 친구에 나온…….

김 장동건이오?

박 예.(웃음)

김 누구나 좋아하는 스타일을 좋아하시는군요…….(웃음)

김어준은 '선호하는 스타일의 배우'에 대한 답변을 무시하는
박근혜에게 10여 분 동안 줄기차게 추궁했고 '장동건'이라는 답
을 간신히 얻어냈다. 그런 박근혜의 표정에서 '뭘 이런 걸 알려
고 하지' 하는 찝찝함이 느껴졌다고 하고.

진의를 알 수 없을 인간에 대한 욕망 연구는 혹시 '그대와
나는 동등한 본능을 가진 사람'이라는 공감대를 발견하기 위함
은 아닐까. 2010년에 나온 책 『진보의 재탄생』에서 김어준이 정
치인 노회찬과 나눈 대화 또한 맥락이 닿아있는 예시다.

김어준   자위행위는 언제 처음 하셨어요? 하하하.

노회찬   그게 기억이 나나?

김어준   푸하하. 이게 말이 안 되는 거야. 전 중1 때라는 게 정

확히 기억이 나거든요. 그리고 언젠지 어떤 상황이었는지 어떻게 정보를 얻었는지도. (그리고 노회찬이 쭉 말 돌리면서 다른 이야기하다가) 그래서 자위를 언제 했는지가 생각 안 나신다고요? 퉁쳐서 중학교 땝니까 고등학교 땝니까?

노회찬 　우리한텐 자위하면 자립, 자위, 자강!

김어준 　푸하하하하. 미친 거지! 최소한 고등학교 때는 하셨죠? 주요한 신체 일부인데 그 기능이 궁금하지도 않으셨어요? 하하하.

노회찬 　그런데 그걸 왜 그렇게 집요하게?

김어준 　언제 성적으로 자각이 일어났느냐, 그게 궁금한 거죠. 늦은 사람도 있고 빠른 사람도 있는데, 그런 사건도 그 사람을 이루는 일부니까.

노회찬 　태어나서 언제 처음 코를 풀었는지 기억이 안 나거든.

김어준 　그거는 기억 안 나죠, 아무도.

노회찬 　그러니까 마찬가지 자연적인 생리현상인데.

김어준 　아니 예를 들어서 누구와 처음으로 섹스한 거. 이거 누가 기억 못합니까. 다 기억하지. 마찬가지죠. 정말 기억 안 나십니까?

노회찬   기억 안 나. 고문해봐.

이런 하늘 높은 줄 모르던 딴지일보의 상승세는 2002년 노무현의 대선 승리와 2004년 탄핵 반대 바람을 탄 열린우리당의 압승을 기점으로 아이러니하게 내리막길을 걷는다. 이른바 '민주정부 10년'을 맞아 인터넷 르네상스 시대가 열렸고, 노무현 정부 아래에서 포털이 급성장하며 인터넷 언론이 약진한 탓이다. 한마디로 딴지가 독점하다시피 한 고유영역이 크게 축소된 것이다.

딴지일보의 트레이드마크는 패러디 즉 풍자 아닌가. 풍자의 대상은 현실 권력이며, 동력은 현실 권력의 실정(失政)이다. 사주 김어준은 노무현 정부를 비틀며 딴지의 맛을 살려갈 것인가, 한겨레를 포함한 수많은 진보언론이 걸었던 '과거엔 지지 그러나 이제는 감시'의 그 길을 걸을 것인가. 그러나 딴지일보는 이 모두를 거부했다. 노무현 정부 편과 거리를 두며 기계적 견제를 하는 것 자체가 비겁하다고 판단했다. 이건 김어준이 '정통 언론인'과 결을 달리하는 부분이다. 여기에 더해 2004년 3월 딴지 2대 편집장 최내현이 딴지 필진을 대거 대동해 패러디 전문 사이트 '미디어몹'을 차린다. 물론 딴지의 아류는 아니었다. 개인미디어인 블로그를 확대 재생산하는 포털로 차별화했다. 최내현이 김어준과 갈라지게 된 연유가 무엇일까. 최내혀은 〈월간 참여사회〉(참여연대 발행) 2004년 7월호 인터뷰에서 '미디어몹이 딴지일보의 다른 가장 큰 차별점'에 대해 이렇게 밝혔다.

"편집권이 네티즌에게 있다는 것이다. 딴지일보는 일방적으로 네티즌에게 보여주는 것이다. 그러나 미디어몹의 블러그 기능은 다른 사이트와 서로 쌍방 소통이 가능하게 만듦으로써 딴지일보와 차별을 이룬다."

'(미디어몹의) 편집권이 네티즌에게 있다'는 말을 뒤집으면 딴지일보의 편집권이 1인 즉 김어준에게 쏠렸다는 것이다. 물론 절반은 농담이었겠지만 딴지일보 기자들은 『남자 vs 남자』에서 "한마디로 김어준 총수가 짱이므로 딴지에 충성을 맹세한 기자들은 자신의 모든 자유와 권리를 총수에게 일임해야 한다"고 했다. 김어준은 철학과 사상을 통제하고 강제하거나 하지는 않았지만, 리더십의 부재는 용인하지 않았다. 십수 년 간 적잖은 수의 진보매체가 사멸되는 과정을 보며 그가 한 말이 있다. "'오야' (오야붕의 줄임말. 오야붕은 親分으로 부모에 가까운 두목이라는 뜻)가 없으면 안 돼. 지금 우리 현실에서는, 적어도."

그러는 가운데 악재가 속출했다. 디지털카메라 이용자를 위해 등장한 '디시인사이드'가 딴지독투 게시판 이용자를 대거 흡수한다. 남로당은 성인 동영상을 유통 보급하는 P2P 등 웹하드로 당원을 끌어갔다. 빠르게 떨어지는 트래픽에 업데이트 주기마저 점점 벌어졌다. IT문화의 광속 발전에 비례해 1세대 인터넷매체 딴지일보의 추락 역시 브레이크가 없었다. 이대로 무너지는 것일까.

그래도 김어준은 심각하지 않았다. 딴지일보 부편집장 '필독'이 2011년 11월에 나온 〈주간 조선〉에 한 말을 보면 그렇다.

"김어준은 심각한 법이 없다. 그에게 즐겁지 않은 것은 죄다. 누구든지 그와 함께 있는 시간만큼 웃게 된다. 모든 회의는 스탠딩 코미디가 되어 끝난다. 딴지일보 특유의 유머는 그의 성격에서 유래한다. 김어준은 '함부로' 산다. 싫으면 관두고, 하고 싶으면 한다. 일과 취미가 구분되지 않는 그에게 삶은 유희다. 그는 '김어준의 직업은 김어준'이라고 말한다. 동의한다."

딴지의 르네상스로 상징되는 문래동 사옥의 위용은 2003년까지의 이야기다. 경영난 심화 문제도 있었지만 때마침 사옥이

학교 부지에 편입되어서 영등포시장의 한 건물로 이전한다. 핵심 콘텐츠인 남로당을 팖으로써 돈 되는 '자산'은 모두 팔아버린 딴지는 남로당을 매입한 인사의 도움으로 2005년 명동으로 옮긴 후 네 군데 처소를 더 전전하면서 '흑역사'를 이어갔다. 저널리스트 고종석은 딴지의 긴 공백기를 이렇게 그리워했다.

"딴지일보 편집부에, 여느 신문사에는 없는 (마법사의) 수정 구슬이라도 있는 걸까? 의제 설정의 싱싱함에서, 분석과 해석의 넓이와 깊이에서 딴지일보는 다른 매체들의 추종을 불허한다. 이들 기사는 사건의 얼개만 알려주는 게 아니라, 그 디테일을 촘촘히 분석하고 해석함으로써 다른 매체들이 만들어낸 '세계상'을 과격하게 수정한다. 그 '수정'이 바로 '딴지'다.…… 그 기사들의 발랄함을 한 겹 벗겨내면, 그곳은 슬픔과 분노와 정의감의 거처다. 세계의 비참이 거기 웅크리고 있다. 그러니 딴지일보는 그저 풍자 신문일 뿐이라고? 맞다. 그와 동시에 이 신문은 이 시대 한국에서 찾아보기 힘든 '정론지'이기도 하다."(시사IN 125호)

기독교와
등지다

"기독교는 안 믿으면 지옥, 믿으면 천당이라고 말한다.

이 극단의 갈림길만 강요받는 상황이라면 어떤 사람인들 공포에 젖지않게 될까.

이성은 내 안에서 실종된다. 나는 교회를 끊기로 했다."

김어준에게 지금은 이 세상 사람이 아닌 여동생이 있었다. 고 김수아 씨. 2009년 11월 19일 불혹이 못된 나이에 급서한 그녀의 빈소가 마련된 대전 충남대병원 장례식장. 그 풍경을 잊을 수 없다. 이승을 떠난 사람을 추모한다고 하기보다는 교회 성도 한 명을 천국으로 환송하는 분위기였다. "며칠 후 며칠 후 요단 강 건너 가 만나리" 이 찬송가가 울려 퍼지는 구슬픈 빈소에 머리가 풀어헤쳐진 김어준의 모습이 펼쳐져 있었다. 초상집에서는 마른 눈물샘에서도 액체가 솟는 나인데 갑자기 웃음이 치솟았다. 유머 코드 중 하나가 부조화 아닌가. 내게 찬송가와 김어준이 조합이 그랬다.

본디 김어준은 개신교 집안의 독실한 신자였다. 교회 중등부원일 때 장로교단 대전노회 중등부 교회학교 성경고사에서 우승하기도 했다. 고등학교 2학년 때까지 성서를 세 번 이상 읽었다고 한다.

개신교 신앙인의 특질은 운명론. 내가 무슨 선행을 하건, 악행을 하건, 종착점은 정해진 것이라는 신념 체계다. 내 본의로 선을 행하거나 악을 범해도 그것은 운명론에 의해 각각 용인되거나 저주받을 것이었다. 다 개신교 신앙의 소산이었다. 김어준의 말이다.

"기독교는 안 믿으면 지옥, 믿으면 천당이라고 말한다. 이 극단의 갈림길만 강요받는 상황이라면 어떤 사람인들 공포에 젖지 않게 될까. 이성은 내 안에서 실종된다. 그래서 누군가와 차별된, 우등한, 선택받은, 구원받은 백성이 되고자 끊임없이 절대자에게 의존한다. 이것이 기독교가 1000년간 유지돼 온 메커니즘이다. 나는 교회를 끊기로 했다."

공교로운 계기가 있었다. 고등학교 2학년 때, 목사의 설교다.

"여러분, 마태복음 27장에 나오는 가룟 유다 이야기가 있습니다. 보세요. 예수님을 은전 삼십에 팔았어요. 이 나쁜 사람은 죄책감 끝에 자살합니다. 자살하면 어떻게 되겠어요? 지옥 갑니다."

잠시 후 김어준이 목사를 찾아가 묻는다. "가룟 유다가 지옥에 간 걸 어떻게 아세요?" 이 말에 목사는 한동안 황망한 표정을 짓는다. "그거야……. 주님의 피조물인 우리는 한 명 한 명이 성전인데, 목숨을 끊으면 당연히 성전을 파괴하는 거고. 그렇다면 당연히 지옥에 가는 거지"라는 답을 들었을 것이다. 김어준은 그런 답으로 무마되지 않는다.

"아니 그것보다도요, 가룟 유다가 만약 예수님을 은전 30에 팔지 않았다면 말이에요, 그러면 예수님이 자연사를 하게 되잖아요. 그러면 예수님이 다시 이 세상에 오셔야 하는 불상사가 발생하는데……."

목사는 말문이 막혀버렸다. 김어준이 쐐기를 박는다.

"예수를 팔았던 사람이라는 오명(汚名)으로는 살 수가 없어서 끝내 목숨을 끊은 가룟 유다 아닙니까. 그런데 지옥으로 보내기까지 해요? 그거 너무 의리 없는 거 아닙니까. 의리."

이런 고민은 사실 새롭지 않다. 중세에도 있었다. 단적으로, 외경(일각에서는 위경이라고도 하는데)인 유다복음을 보자. 유다복음은 예수가 인류 구원이라는 지상 과업을 완성하기 위해 유다와 미리 모의한 것으로 묘사했다. 유다의 배반이 없었다면 인간들의 구원을 이루려는 하나님의 계획도 완성되지 않았을 것이라는 논리는 김어준의 주장과 상통한다. 단, 김어준의 방점은 예수와 유다의 '계약'이 아니라 신에 대한 유다의 '의리'다. 그러나 4복음서는 부인하고 있고, 4복음서를 정경으로 삼고 있는 기독교 주류는 이 내용을 인정하지 않는다.

김어준은 이렇게 생각했다.

"내가 유다였다면. 그전까지 유다의 교훈은 명백했다. 예수 배반하면 지옥 간다. 그 배신이 예정되어 있었단 걸 배우곤 신의 플랜을 이행한 유다는 오히려 천국 가야 하는 거 아니냐는 의문이 없지 않았으나 그 에피소드의 학습 포인트는 어디까지나 유다처럼 되지 말아야 한다는 것이었기에 나머진 그냥 신묘한 신의 뜻으로 남겨 두면 되는 것이었다. 나만 지옥에 안 가면 되는 거니까."

이렇게 유다에 감정이입을 하자 김어준은 갑자기 모든 게 달리 보였다.

"내가 유다라고 치자고. 내가, 신의 아들을 배신하고 지옥 간다? 영원히?…… 오, 쒯. 근데 그거 예정된 거였다면, 그것이 신의 스케줄을 인간이 변경할 순 없는 거라면, 내 운명을 전면 거부할 수 있는 하나님과 대등한 정도의 자기결정권이 나에게 주어지지 않는 한, 나에게 전적 책임을 묻는 건, 부당해. 게다가 딱 한 번밖에 없는 삶에서 영구 지옥행 배역이라니. 너무 가혹해, 씨발. 그때부터다. 더 이상 내가 유다가 아니라는 것만으론 만족할 수 없게 된 것이."

그러나 김어준은 최초의 회의에서부터 무신론자가 되기까지 10년이 더 걸렸다. 신이 없는데도 있는 줄 알아서 입게 되는 피해야 주말 몇 시간 교회에 나가면 된다. 반대로 신이 없다고 까불다가 만에 하나 진짜 있다면 입게 될 피해는? 비교가 되지 않는, 영원한 지옥행이다.

"회색분자 신앙인 10년 세월은 순전히 그 공포 덕이었다. 나는 그 공포를 직시했다. 그리고 교회와 연을 끊었다. 나는 나를 발견한 이상, 나를 신의 그늘 아래 묶어두려는 그 어떤 시도와도 결별해야 했다. 참 좋은 목사님이었지만, 그것은 중요하지 않았다."

기독교인인 지인의 장례식에서 있었던 일. 수목장으로 치러지고 있었다. 목사가 숲이 쩌렁쩌렁 울리게 외친다.

"지금부터 천국 환송 예배를 드리려고 합니다. 기쁜 이 날, 하나님이 축복해주시는 듯, 화창한 날씨군요. 아무개 성도님은 이제 이 땅을 떠나서 주님의 품으로 갑니다. 더 이상 이 세상에서는 볼 수 없지만, 날빛보다 더 밝은 곳, 아버지의 집으로 가는 이상, 우리가 기쁜 마음으로 환송해야 할 줄 믿습니다. 믿으시면 아멘 하세요."

그러나 "아멘" 소리는 약했다. 애써 위로해줄 마음이었던 목사님, 유족을 향한다. "아니 그런데 왜 울어요? 유족, 왜 울어?" 유족은 아무 말도 못한다. "아니, 축복받아서 천국 가는데 왜 울어? 기뻐해야지. 안 그렇습니까? 따라서 훗날 우리는 천국에서 성도님을 만나게 될 것입니다." 그러나 울음소리는 더 커졌다. 목사, 이제는 역정을 낸다. "아, 왜 자꾸 울어요? 울지 말라니까! 기뻐해야지 왜 울어? 기뻐하라고, 기뻐해!"

이때 뒤에서 조용히 담배를 피우고 있던 김어준은 담배꽁초를 바닥에 떨어뜨리고 구두로 있는 힘껏 문지르더니 목사 옆으로 간다. 그리고 귀에다 대고 속삭인다.

"사람이 죽었는데, 기뻐하라고? 이 씨발놈아?"

그로부터 5분 동안 목사는 횡설수설하다가 설교를 끝냈다. 사람이 죽어서 이별하게 되면 일단 슬픈 거다. 김어준은 목사가 자꾸 그걸 부정하는 것 같아서 화가 났던 것이다.

이혼하다

김어준은 어느 날 아침 일어났는데 불현듯 아프리카에 가고 싶었다.
그런데 가장, 남편이라는 자신을 옭죄는 복합적 구조가
지레 그 욕망을 접게 할 것 같은 운명을 직시하게 된다.

김어준은 여자를 사귀는 나름의 방식이 있다. 여자 주머니에 손부터 넣는다. 그러면 십중팔구 여자들은 손을 뺀다, 기겁하면서. 자기를 쉽게 보는 것 아니냐는 불쾌한 시선은 기본이고. 김어준은 왜 이런 방식을 쓸까.

"나는 그 모든 반응이 귀여워. (웃음) 그로 인하여 혹여 발생할지 모르는 싸대기라든가, 이 여자가 나를 멀리한다든가, 주의한다든가, 경계한다든가, 하는 비용을 지불한다는 거지. 그 다음날 내가 그 여자를 만나자고 하면, 그 여자는 덥석 손도 잡혔는데 금방 나가면 쉬워 보일까봐 바쁜 척도 하고, 늦게 나오기도 해. 나는 이 여자가 다섯 시간 늦게 나와도 상관이 없어. 찌증 나거나 화나지 않아. 모든 게 귀여워. 그렇게 자기 작전을 짜고 자기 전술을 구사하고, 자기 자존심을 지키려고 하는 것이 귀엽다고.(웃음)"(〈인물과 사상〉 2009년 3월호)

그와 인터뷰를 한 지승호가 1980년대 방식 아니냐고 힐난하자 김어준은 자존감에 상처를 입거나, 무시당했다는 생각이 들지 않는다며, 한 번도 실패하지 않았다는 말로 응수했다. 본질은 모르겠으나 그의 이 같은 행동으로 미루어보아 그는 '의지적 마초'임에 틀림없다.

김어준이 2011년 〈한겨레21〉 인터뷰 특강에서 밝힌 야설의 한 대목 같은 경험을 보자. 어느 때인지는 특정하지 않았으나 중앙유럽의 작은 내륙국가 리히텐슈타인을 여행할 때, 기차에서 내렸는데, 익히 기대하고 짐작한 역사(驛舍)는 전무했다. 게다가 그곳은 알프스 산자락. 플랫폼 벤치에서 벌벌 떨다 할 수 없어서 아스팔트 위에 침낭을 펴고 들어갔다. 그런데 플랫폼에 한 여성이 보였다. 평소 같으면 침낭을 줬겠지만 그럴 처지가 아니었다. 그런데 여자와 눈이 마주쳤다. 여자의 눈은 애원조였다. 하는 수 없어서 들어오라고 했다. 그리고 그 안에서 신체접촉을 피하려다가 끝내 '인도주의적 섹스'를 했다.

아무리 마초적 캐릭터를 내세워도 애정 감수성이 높을 것 같은 김어준 아닌가. 그 김어준이 만날 때마다 주변에 권하는 게 있다. 이혼이다. 연애는 물론, 결혼하고 2년 쯤 지난 사람에게는 "이제 갈라설 때가 왔다"며 강력 추천한다. 금슬이 좋아도 나빠도 다르지 않다. 지속적인 것을 보니 농담만은 아닌 것 같다. 반복하듯 들려준 그의 '이혼 예찬론'이다.

"남자들이 왜 이혼을 못하는 줄 알아? 아내 때문이 아니야. 아내만 봐서는 당장이라고 도장 찍고 싶지. 문제는 처갓집 식구들이야. 그 분들 생각만 하면, 못할 짓 하는 거거든. 내가 이혼함으로써 그 착하디착한 처갓집 식구들에게 상처를 준다? 그러고 싶은 마음이 없는 거야. 그런데 이게 다 착각이라는 거야. 이혼 도장 찍잖아? 그 순간, 그 착한 처갓집 식구들은 웃는 낯으로, 뒤로 돌아갓! 한다고……. 하하하 근데 말이야. 혹시 내 경우가 그랬다고 생각하지 마. 으하하!"

김어준이 처음이자 마지막이었을 아내를 만난 것은 '여행가이드' 시절이었다. 서른 전에 김어준은 잠시 여행가이드를 했었는데, 그때 한 눈에 반한 여성이었다. 김어준 주변 인사들의 증언을 종합해보면 그녀는 샤기컷에 내추럴한 파마, 그리고 슬리브리스한 외양을 가졌을 가능성이 높다. 이게 바로 김어준이 선호하는 스타일이었다.

김어준은 결혼식을 누구보다도 성대하게 치르고 싶었다. 여

기에서도 '하고 싶은 것에는 비용을 아끼지 않는다'는 욕망이 개
입된다. 그는 미국령 괌에서 선상 결혼식을 꾸미고 있었다. 그러
나 배는 수천 톤급의 유람선이나 열 명도 못 태우는 보트를 사
용해야 했다. 결국 뜻을 이루지 못하자 그는 대신 바다가 보이는
낭떠러지 언덕에서 야외 결혼식을 했다. 이때가 김어준이 실질
적 백수로 딴지일보를 만든다고 컴퓨터에 코 박고 있을 무렵이
었다. 새댁의 심정은 어떠했을까. 정혜신의 『남자 vs 남자』에 "(딴
지일보와 관련해) 오빠(김어준)가 대통령과 저명한 정치인의 사진을
저렇게(패러디) 해도 되나 걱정이 되고 그러다 붙잡혀 갈까봐" 걱
정을 많이 했다고 아내는 말했다.

　　이 진술로 미루어보더라도 남편 김어준에 대한 아내의 애정
은 상당했던 것으로 보인다. 그렇다면 이혼은 왜 했을까.

　　김어준은 어느 날 아침 일어났는데 불현듯 아프리카에 가고
싶었다. 그런데 가장, 남편이라는 자신을 옭죄는 복합적 구조가
지레 그 욕망을 접게 할 것 같은 운명을 직시하게 된다. 그래서
1년간 아내를 설득한 끝에 갈라서게 된다. 부부간 갈등이나 불
화 따위는 없었다.

　　김어준의 이혼 이유는 '너는 가장 또 기혼 남성이기 때문에
아프리카 장기 외유는 안 된다'는 구조가 만든 고정관념이 출발

점이었고, 따라서 결별한 부인은 전혀 '나쁜 년'이 아니었으며, 합의까지 1년이 걸린 점은 '당신 잘못으로 이혼하는 게 아니'라는 것을 설득하기 위함이었다.

김어준은 자신의 모든 재산을 내놓았다. 그리고 빈털터리로 법원을 나온다. 이때 한 통의 문자 메시지가 당도한다.

"아무개 출판삽니다. 밀린 원고료 이제 보내요."

그는 200만원으로 새 출발 한다. 한편 어머니는 3년 후에야 김어준 커플의 이혼을 알았다. "걔는 왜 (시댁에) 안 오니?"라는 말씀을 그때 안 했다면 그보다 더 오랜 시간 뒤에 아셨으리라.

방송MC로
나서다

시사가 별건가. 세상만사 일어나는 일들에 대한 이야기인 걸.
지가 얼마나 심각하고 엄숙하냐가 아니라
잘 전달되느냐 아니냐가 중요한 거 아니냐고요.

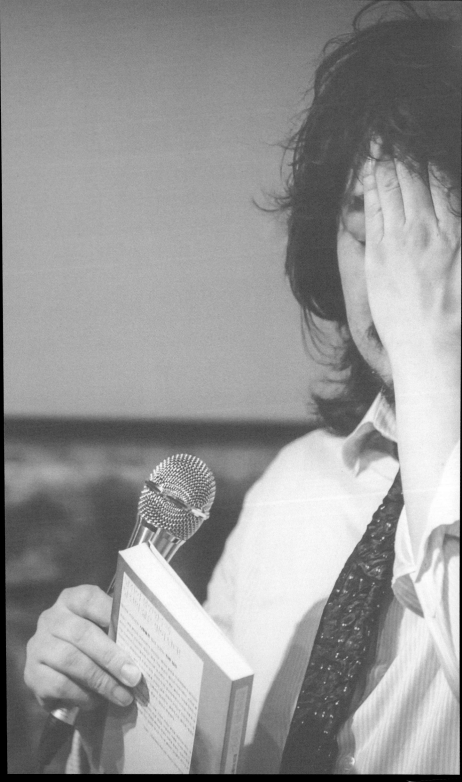

"〈김어준의 저공비행〉은 새로운 감성의 문화 읽기와 담론이 해학과 풍자를 곁들여 펼쳐집니다. 왜 저공비행일까요? 문화를 일부 젊은이와 지식계층, 넉넉한 이들의 전유물로 여겨 온 기존의 통념을 깨고 아래로 내려가자는 취지입니다. 평범한 듯한 삶을 살아가지만 결코 평범하지 않은 우리 모두가 문화의 주체이자 향유자인데 왜 기죽고 사느냐는 것입니다. 딴지일보를 통해 유쾌, 상쾌, 통쾌한 세상읽기의 지평을 열었던 딴지일보 대표 김어준 씨가 문화 가이드를 맡아 공연과 건강, 스포츠, 음악 등의 문화 장르를 새롭게 펼쳐 보일 것입니다. 낮게 날면 본질이 보이는 법, 그래서 저공비행입니다!"

김어준은 2004년 5월 10일 CBS(기독교방송) 표준FM에서 자신의 이름을 건 '김어준의 저공비행' 프로그램 진행을 시작한다. 김어준은 이때 최초로 지상파 라디오방송 진행자가 된다.

갈수록 보수적 색채를 더해가는 개신교와 달리 개신교단이
연합하여 운영하는 CBS는 이런 기류와 달리 비신자 계층의 선
호 프로그램을 유지하는가 하면 진보좌파의 목소리도 균형 있
게 전하고 있다. 비교적 탄탄한 재무구조를 형성해오면서 교회
자본에 기대지 않고 보도기능을 통해 대사회적 영향력을 발산
하고 있는 CBS는 교회와 협력관계는 유지하고 있지만, 그렇다고
예속돼 있지는 않다. '탈(脫)개신교인' 김어준이 CBS 진행자가
될 수 있었던 것은 이런 배경이 있었기 때문에 가능했다.

그러나 김어준의 방송은 종교방송인 CBS가 수렴하기엔 너
무나 파격적이었다. 기록에는 없으나 김어준의 기억을 더듬어보
면, 파격적인 성(性) 묘사로 한국 사회의 문제적 인물로 꼽히는
마광수 연세대 국문과 교수가 나와서는 남녀의 성기 즉 자지 보
지를 구체적으로 언급했다.

"남녀 간에 성교가 놀라워요? 새로워요? 많이들 자지 보지
이런 말을 갖고 문제 삼던데, 따지고 보면 말이에요. 자지를 자
지라고 하고, 보지를 보지라고 하는 게 뭐가 잘못입니까? 자지
를 자지라고 말 못하고, 보지를 보지라고 언급 못하고……. 이거
다 위선이에요. 사전에 있는 말이고 또 인류의 맥을 이어주는데

필수적인 성기의 고유 명칭인데……. 이걸 왜 금기시하냐고. 이 엄숙주의를 타파해야만 합니다. 엄숙주의는 권력이에요."

이와 흡사한 말을 했다. 사실 한 자도 틀림없으니 이에 대해 음란성을 들이대기도 민망했다. 그러나 다음 사례는 법정 제재를 받았던 사안. 참여정부 청와대에서 초대이며 최후의 정무수석을 지낸 유인태 열린우리당 의원과의 인터뷰. 2004년 8월 26일이었다.

김어준 평소에 언론을 싫어하신다고 알고 있는데요?

유인태 별 얘기, 써선 안 될 얘기를 기사로 다 쓰기에 그런 것까지 기사로 쓰는 '새끼'들이 어디 있습니까.

김어준 조선일보 기자를 보면 '어이 반동신문 기자'라고 하고, 동아일보 기자를 보면 '어이 X같은 신문기자'라고 부르신다고 하는데…….

유인태 이름이 비슷해요. 똥 같은 신문 하고, 좆 같은 신문 하고…….

결국 방송위원회는 출연자와 진행자가 비속한 언어를 사용해 방송 심의에 관한 규정을 어긴 것이 인정된다며, 시청자에 대한 사과를 명했다.

월례행사였을까. 한 달 지난 9월 18일. '이 산이 아닌가봐'라는 코너에서 김어준과 고정 출연자 진중권 등과 출산율 저하 문제에 대해 대화를 나누다가 지상파 방송에서는 수용 불가한 언사들이 나왔다. "비디오방의 의자들을 푹신한 침대로 다 바꾸고", "의자, 침대건 아무 상관없어요.", "어떤 자세라도 하게는 되어 있는데", "자 이제 우리 모두 추스를 시간입니다" 등 비디오방을 성관계를 맺는 장소로 활용하자는 것을 암시하는 내용을 했다. '방송의 품위를 유지하지 못한 것이며, 건전한 시민정신 및 생활기풍의 조성과 국민의 정서생활을 저해하는 내용'이라며 또한 시청자에 대한 사과를 엄명 받았다.

그렇게 1년, 온갖 우여곡절이 벌어지던 와중에 결국 '폐지'를 굳히는 사건이 발발했다. '힐링 소사이어티' 코너. 특정 정치인 발언의 성향과 심리적 배경을 분석하고 그 해결책을 유머러스하게 제시하는 시간이었다. 웃고 넘기면 될 문제였고, 자지, 보지, 좆, 똥이라는 말은 없었다. 문제는 소재였다. 바로 당시 한나라당 대표였고 지금은 대통령인 박근혜.

김어준 그분, 아버지 박정희 대통령의 정치적 유산을 받아 그 밑천으로 정치하는 분이지요.

유지나 그런 박근혜 대표가 최근 이런 말을 했어요. "우리 아버지가 어떻게 일으킨 나라인데 생각하면, 나라 걱정 때문에 잠을 못 잔다."고요.

김어준 (피식 웃으며) 그래요?

박근혜의 부성 콤플렉스를 짚었다. 아슬아슬했다. 그래서일까 가장 우아한 정치인, 가장 모성성 또 여성성 강한 정치인이라고 추켜세웠다. 얼추 균형감을 유지한 것이다. 초기와는 달리 꽤 조심해하는 흐름. 스튜디오 밖에서 '오늘도 무사히' 하며 안심하던 찰라, 불행이 급습했다.

김어준 제가 해법을 제시하겠습니다. 그렇게 나라 걱정 때문에 잠을 못 이루면 농촌 총각에게 시집가세요. 그런 작은 애국부터 실천하시면 박수 받을 겁니다.

'김어준의 저공비행'은 이렇게 끝났다. 김어준을 라디오 진행자로 영입한 정혜윤 PD. 김어준에게 '아이'로 불리는 그녀의 말이다.

　　"김어준은 우리가 일상생활에서 할 수 있는 수준의 농담은 방송해도 상관없다는 생각을 가지고 있었어요. 그런데 그 생각에 대한 답변은 연이어 날아드는 경고장이었어요. 결국, 우리사회가 공인에 대해서 어느 정도 유머를 할 수 있는가 하는 시금석이 됐는데요, '유머는 불가능하다'는 답변만 날아온 셈이지요. 그렇게 경고가 누적된 이 프로그램은 폐지되고 말아요."

　　물론 김어준과 CBS가 이렇게 결별한 것은 아니었다. 김어준은 2005년 3월 7일부터 '시사자키 오늘과 내일'(월~토 오후 7~9시)이라는 전통의 CBS 간판 시사 프로그램 진행자로 '영전'한다. 이때까지만 해도 김어준과 CBS 사이는 각별했던 것 같다. 〈한겨레21〉이 CBS 안팎에서 "(김어준) 방송에 물이 올랐다"는 의견을 전한 것으로 봐선 말이다. 그리고 같은 해 5월 8일 김어준은 주말 프로그램이긴 하나 SBS 라디오 '김어준의 인터넷 세상'(매주 일 오전 7시 10분~8시)도 맡았다.

　　그러나 김어준은 그해 12월 CBS에서 하차한다. 12월 5일부터 다른 진행자로 바뀌었는데, 교체가 된다면 통상 봄가을 개편 시기에 맞출 텐데 이례적이었다. 심지어 진행자 교체와 관련해 홈페이지 등에 사전·사후 공지가 없었다. 'PD연합회보'(현 PD저널)는 이와 관련해 "주변에선 특히 자유분방하고 주관이 뚜렷한 김어준 씨가 부담스러웠던 게 아니냐"는 분석을 전했다. CBS의 한 PD는 "시사 프로그램에 대해선 기계적일지라도 객관적 입장을 견지해야 한다는 의견과 진행자의 주관적 견해가 들어가야 한다는 의견으로 나뉜다"면서 "이런 논란 속에서 특히 자유분방하고 자기 주관이 뚜렷한 김어준 씨가 CBS 시사 프로그램 진행자로 어울리지 않는다고 판단한 것 같다"고 풀이했다고 한다. 이 교체에는 CBS 편성국 간부의 요구가 컸다고 한다.

그 간부는 누구일까. 김어준이 2011년 '나꼼수'로 지명도와 인기가 비등할 무렵 '커밍아웃'했다. 그는 바로 윤병대 당시 편성국장. 11월 2일 전국언론노조 CBS본부 자유게시판에 실명으로 남긴 글을 보자.

"요즘 주가를 올리고 있는 '나꼼수'에 대해 한마디 하려고 합니다. '나꼼수'의 핵심 중 하나인 김어준은 아시는 대로 몇 년 전 우리 표준FM의 문화토크 프로그램 '저공비행' MC를 하다가 시사 프로그램의 새로운 시도라는 차원에서 '시사자키' MC까지 맡았던 인물입니다. 제가 편성국장 당시 그의 재기발랄함을 보고 '한 번 위험을 무릅쓰고 시도를 해보자'라는 판단에서 파격적으로 시사 프로그램의 MC를 맡겼지만 그 시도는 이내 실패로 끝났고 결국 제 손으로 김어준을 잘랐습니다. 여러 가지 이유가 있었지만 한마디로 김어준은 불성실했습니다. 방송 임박해서 사무실에 나와 큐시트 제대로 보지도 않고 생방송에 임했고 몇 번의 진심을 담은 경고가 있었음에도 별로 개선될 기미가 보이지 않아 마침내 결별 통보.……한 사회에서 공적으로 공적인 문제에 대해 '발언'을 하는 것은 당연히 그 사회의 발전을 위한 것입니다. 지식인이든 정치인이든 그 누구든 공적인 발언을 통해 자기의 생각을 대중에게 밝히고 그 사회의 방향성에 영향을 끼치기를 원합니다. 이게 바로 지식인이나 정치인의 역할이고 사명이기도 하겠지요. 그런데, 진보든 보수든 간에 나의 영역 밖에 있는 진영이나 사람에 대해 이미 '적'으로 간주하고 그 '적'을 공격하고 비아냥대는 것으로 카타르시스 하고 만족감을 공유한다면 이는 결국 '사회발전'이라는 대전제에서 벗어나는 것일 뿐만 아니라 인간의 '저급한 공격본성-한풀이'를 사회적으로 키워주는 그래서 파괴적 행태가 사회적으로 난무하게 만드는 결과를 초래한다는 생각을 하게 됩니다.……저는 개인적으로 '바른 생활'을 추구하는 '모범생'이 아닙니다. '삐딱이'의 시선이 때로 사회적으로 강력한 힘을 갖는 것은 또 가져야 하는 것은 그 '삐딱이'의 시선 속에 인간에 대한 따뜻함이 묻어있을 때만이 가능하다고 믿습니다. 그래서 저는 가치 있는 혁명도 인간의 얼굴을 하고 있을 때만이 진정한 승리를 보장받을 수 있다고 생각하는 사람입니다. 진정성 없는 그리고 파괴적인 언어 속에 낄낄거리며 카타르시스를 느낀다고 하는 것은 한걸음만 물러서서 바라보면 너무도 공허한 짓거리 아닌가요?”

게시판에 올린 것이긴 하나 윤병대의 이 글에는 논리적 빈틈이 적잖다. 불성실만이 아니었으면 김어준에게 계속 마이크를 맡겼다는 말이 되니까. 게다가 ‘일개인의 불성실’을 지적한 것인데 이를 ‘무책임한 지식인의 진정성 없는 세상에 대한 저항’이라고까지 한 점은 논리의 비약이 아닐까. 윤병대가 김어준에게 진정 불편했던 것은 글 뒷부분 ‘파괴적인 언어 속에 낄낄거리며’ 등을 거론하는 부분에서 명징해진다. 출연자 작가로서 CBS와의 관계가 밀접했던 시기, 나는 윤병대가 일선 PD에게 시달했던 시사 프로그램 제작 준칙을 기억한다.

“사회 분야(민생 통일 환경 인권 등)는 다소 좌 클릭해도 좋으나 정치만은 균형 중립을 지켜야 한다.”

그의 입장에 따르면 당시 한나라당에 대해 상당한 조롱과 비아냥거림을 취한 김어준은 진행자로서 적격이 아니었을 것이다. 그래서 중도하차라는 초강수를 썼던 터였을 테고. 김어준 식의 진행은 십년이 지난 지금도 지상파에서는 불가하다. 한겨레 2005년 8월 25일자 '최보은의 인터뷰 무제한'에서 김어준은 이렇게 말했다.

"지금까지 시사 프로그램은 주로 80년대 정서를 기반으로 과거를 팔아먹고 살아왔어요. 사회가 80년대에 지고 있던 부채도 거의 다 상환된 것으로 보이는데. 지금 정치는 수백만 가지 취향 중의 한 가지 취향일 뿐이잖아. 그래서 시사 프로그램에 더 이상 새로운 청취자 층이 형성되지 않고 있고. 이 프로그램 듣지 않으면 나만 뒤쳐지지 않을까 하는 공포심도 더 이상 없고. 따라서 시사 프로그램 제작진은 관성을 벗어나 사고가 자유로워져야 할 필요가 있는 거죠. 우선순위를 재배치할 수 있어야 한다는. 세상만사 우선순위는 끊임없이 변하는데, 사람들은 옛날에 한 번 세팅한 우선순위를 바꿀 줄 모르고 있어요."

이 말은 '시사자키 오늘과 내일' 방송 진행 중에 한 말이기

도 하다. 김어준의 예기(銳氣)가 서린 이 말은 당시 윤병대를 겨
냥한 것은 아니었을까. 그러니까 윤병대 김어준 사이에 '진심을
담은 경고'가 오가던 그 시기는 아니었을까. 윤병대는 참고로
1980년대부터 CBS에서 시사 프로그램을 제작한 PD 출신이다.
이보다 서너 달 앞선, '시사자키 오늘과 내일' MC로 내정된 시점
에 한겨레와 가진 인터뷰에서의 김어준 발언을 보자.

"이제까지 시사프로는 심각 일변도였어요. 지들끼리 책상에
앉아서 나라를 구해. 엄숙과 엄살은 통한다고 보는데, 엄살이지
엄살. 진지해도 심각하지 않고 진정성 있어도 심각하지 않을 수
있는데 진지나 진정은 엄숙을 통해서만 가능하다고 믿는 거지.
한겨레도 똑같지, 씨바. 다르게 자기연출하고 표현하는 방법 모
르니까 권위에 실려 가는 거죠. 시사가 별건가. 세상만사 일어나
는 일들에 대한 이야기인 걸. 지가 얼마나 심각하고 엄숙하냐가
아니라 잘 전달되느냐 아니냐가 중요한 거 아니냐고요. 잘 전달
되려면 코미디도 하고 기법은 수만 가지인데 오로지 책상 앞에
앉아서 엄숙하고 심각한 것으로 진지와 진정성을 확인받으려 하
고 보여주려고 하는 그런 것 말고, 안 그런 시사프로로 만들어보
려고 하는 것이에요."

　김어준의 시사프로그램관(觀)이 이 안에 묻어 있다. "공동체의 구성원이자 자유로운 개인으로 살아가기 위해서 꼭 알아야 할 것"들인 "시사 문제를 둘러싼 '껍데기 게임'에서 공포를 가진 이들에게 후련함과 편안함을 주는 게 목표"였다. 그래서 김어준은 전문가들한테 '난 네가 아니라서 모르는데, 그게 어때?' 하고 물었던 것이다. '당신이 성적 매력을 느끼는 연예인은 누구인가', '모나리자는 왜 명화인가', '우리 것이 좋은 것이야'라는 명제에 대해서 어떻게 생각하는가', '답방한 김정일 국방위원장과 귓속말을 할 기회가 주어지면 어떤 말을 하겠는가', '지금 입고 있는 속옷은 삼각인가 사각인가'를 서슴없이 물어봤던 것이리라. CBS에서의 이런 갈등은 훗날 나꼼수의 원칙과 방향을 만드는 뼈대가 됐으리라.

　한편 윤병대 글에 대해 이틀 두인 11월 4일 'CBS 변혁'이라는 필명의 이용자가 '나꼼수 현상에 대해'라는 반박성 글을 실었다. 맥락이 닿아있어 소개한다.

　"…… 두 사람을 리쿠르트 했고 써보니까 '진정성이 없는 푸념쟁이'라는 것이 글의 골자였습니다. 각설하면 진정성 없고 신뢰를 갖지 못한 사람들이 마치 고려 말기의 '신돈'처럼 나타나 선량한 사람들을 '혹세무민'하고 있다는 것이겠지요.

저는 나꼼수를 보면서 대중들이 왜 그들에게 열광하는지를 궁금해 합니다. 나꼼수의 콘텐츠는 도저히 제도권 방송에서 그대로 담을 수 없겠지요. CBS가 천하에 '강골방송'이라고 주장한다 해도 지상파라디오로서는 도저히 나꼼수의 형태를 가질 수 없습니다. 그것은 본질적 한계문제입니다.

하지만 제가 주목하는 것은 갈수록 노후화해가는 우리 방송이 나꼼수처럼 어떻게 대중의 흡인력을 빨아들이는 것이냐는 물음입니다. CBS 표준FM이 '장삼이사' 사이에 어떻게 회자되게 할 것인가에 대한 문제이지요.

절대로 같을 수도 없고 모방도 불가능할 겁니다. 중요한 것은 나꼼수를 보면서 새로운 기술과 새로운 방식으로 대중의 귀를 사로잡는 그러한 '변혁'을 우리는 생각해봐야 한다는 것입니다. 지상파 라디오방송으로서 50년 체제를 유지해 온 우리에게 한편으로 혹독하다 할 수 있지만 낡은 유물처럼 생각될 수 있는 현재의 틀을 깨야 한다는 메시지를 나꼼수는 강력하게 던지고 있다고 생각됩니다.

CBS에서 경험한 두 사람이 혹세무민한 사람이라고 치부하는 것은 너무 자기중심으로 세상을 재단하는 것입니다. 지구가 CBS를 중심으로 돈다는 것이겠지요. 지금 그런 얘기를 하는 것은 너무 한가하고 목가적이고 훈구적이며, 즉. 조선 중종 때 남곤, 심정 같은 사람이나 가능하다고 봅니다.

우리는 나꼼수 현상을 보면서 달을 봐야지 손가락을 보면 안 됩니다. 그런 현상을 보면서 CBS는 라디오 시대에서 '웹기반 시대'로 어떻게 신속하게 이동할 것인지를 고민해야 된다고 봅니다. 특히 라디오에 합당한 대중의 감수성 있는 언어를 가진, 마치 난로를 앞두고 대중과 친근하게 대화할 수 있는 역량을 가진 '라디오 전사' 10명을 어떻게 키울 것인가를 고민해야 할 것입니다.

나꼼수가 왜 이렇게 대중들에게 인기인지는 공통적인 분석과 다른 분석이 존재하겠지요. 크게 봐서는 이명박 정부 아래에서 언론의 환경이 크게 악화됐기 때문이 아니겠습니까? 그것은 따로 분석할 필요가 있겠고요. 이런 방향에서 나꼼수와 CBS 미래에 대해 많은 사람들이 더 고민하면서 행복한 CBS가 만들어 갈 수 있으면 좋겠습니다."

또 다시
연애를 하다

자아가 섰고 철학이 흐르며 그래서 당당함과 일관성이 빛나는
인정옥의 매력은 인터뷰 30분간 작렬했다.
김어준은 이후 그녀와의 연분을 이어왔다.
김어준을 아는 사람들에게는 공연한 두 사람의 관계였다.

어느 날, 김어준이 진행하는 〈김어준의 저공비행〉에 작가 인
정옥이 초대손님으로 나온다.

"작가주의라는 의미가 모든 예술장르에 통할 수 있다면…….
영화, 미술, 음악이 아닌 드라마에도 엄연한 작가주의도 존재
할 수 있지 않을까요? 실제로 최근 몇몇 드라마작가에게는 그들
의 마니아라고 불리는 열혈 시청자들이 존재합니다. 작가의 대
사 한마디 한마디에 숨겨진 의미를 찾고, 교감하는 든든한 아군
이 있는 셈이지요. 50퍼센트를 넘나드는 평범한 작품보다는 단
10퍼센트의 시청자들이지만 가슴과 머리로 공명하는 작품을 쓰
겠다는 인정옥 작가. '여고괴담'의 시나리오 작가에서 출발해서,
2002년 젊은 세대의 경전이 된 '네 멋대로 해라', '아일랜드'까지.
진지하지만 무겁지 않고, 감각적이지만 경박하지 않은 그녀의
작품세계를 만나봅니다. 인정옥 작가를 초대했습니다."

이날 방송의 리드(Lead) 멘트에 이어 대담이 이어진다.

김어준   너무 푹 취하지 않고 객관적인 거리를 유지하는 거. 연
애편지가 떠오르는데, 왜 글 쓰는 사람들이 자기가 쓴
글 놓고 밤에, 너무 잘 쓴 것 같아서 자기 글 막 읽고
그러는데, 그걸 낮에 읽는 사람은 유치하다고 볼 수도
있고, 무슨 소리인지 모를 수도 있는데, 글 쓰는 걸 직
업으로 삼다 보면 자기하고 글을 읽는 사람하고 거리
를 잘 조절해야 하잖아요. 그런 거에 비교적 성공하신
거라는 거죠?

인정옥   제 글 자체에 빠져본 적이 없어요. 그러니까 어차피 제
가 쓰는 글은 배우들을 위한 글이고, 배우들이 더 중
요하게 느껴지기 때문에, 글 자체를 배우들이 너무 떠
받든다거나 매몰된다거나 저는 그거를 좋아하지 않아
요. 제 글은 그냥 배우가 말하고 나면 쓰레기통에 버려
져야 한다고 생각해요.

김   굉장히 시큰둥하시네요. (인: 살짝 실소) 저는 그런 시큰둥한
태도가 시니컬한 태도하고 다르다고 보는데

인   시니컬은 어렸을 때 조금 했었고요, 지금은 안 해요. (같이

웃음) 시큰둥은 있고요.

김 개인적으로 시큰둥과 시니컬을 어떻게 구별하세요?

인 시니컬은 좀 더 용기 있는 자세고요, 시큰둥은 좀 더 비겁한 자세고요.

김 제가 개인적으로 말씀드려보자면, 시니컬은 교통사고가 팍 났어요, 사람이 죽거나 다치거나 하고 교통사고가 났는데, 그걸 보고 사람은 뭐 다 한 번 죽는 거지 하는 게 시니컬한 거고, 교통사고가 났는데 안 돌아봐, 안 돌아보고 사람이 다치지 말아야 할 텐데 이러는 게 시큰둥인데, 이런 태도로 방송사에서 작가를 하는 것이 쉽지가 않을 텐데, 방송사에서 시청률에 따라 이것저것 요구하는 것도 많고 그럴 텐데, 그런 시큰둥한 태도를 가지고 대사 쓰고 그러는 거 어렵지 않나요? (중략) 인정옥 씨의 세계관은.

인 시큰둥이죠. (함께 웃음)

김 왜 시큰둥입니까?

인 아등바등 해서 뭔가 되는 게 아니더라고요. (김: 젊었을 때 나도 많이 했는데?) 안 했어요. (폭소) 그런데 봤어요. 봤는데 정말 목표를 향해 가서 거기 서 계신 분들이 세계를 변화시키지도 못하고 자기도 재미없어하고 그러는 걸 봤어요. 그

럴 거면 조금 시큰둥하게 살아도 좋은 마음으로 살면 세상
도 편하고 나도 좋을 거라고 생각해요.

자아가 섰고 철학이 흐르며 그래서 당당함과 일관성이 빛
나는 인정옥의 매력은 인터뷰 30분간 작렬했다. 김어준은 이후
그녀와의 연분을 이어왔다. 김어준을 아는 사람들에게는 공공
연한 두 사람의 관계였다.

그런데 그들의 연애 사실이 세상에 알려진 데에는 내 탓이
크다. 2011년 10월 26일 서울시장 등에 대한 재보선이 있던 당
일 밤 9시, 서울광장에서 나는 김어준, 정봉주, 주진우, 그리고
청취자들과 회합을 마치고 모처로 이동하고 있었다. 누군가 촬
영한 사진을 받고는 무심결에 트위터에 올렸는데 이 사진의 한
부분에 김어준이 인정옥과 손잡고 걷는 장면이 있었다.

이튿날 낮 김어준에게 기자들의 전화가 쇄도했다. 나꼼수로
인해 서울시장 재보선 과정에서 치명타를 입었다고 생각한 세력
이 고소고발을 하자 대응책 마련을 위해 변호사와 숙의 중이었
다. 당시 상황을 김어준은 며칠 뒤 10월 29일 서울 한남동 블루
스퀘어에서 있었던 '나꼼수 : 가카 헌정 버라이어티'에서 이렇게
소개했다.

"갑자기 전화가 쇄도했어요. 그리고 평소 전화하지 않던 스타 어쩌고 하는 매체의 기자라고 하는데, 개중 한 통을 받았지요. 다짜고짜 '인정옥 씨와 몇 년 사귀었지요?'라고 묻는 거예요. 이 새끼들이 미쳤나. 저는 한마디만 했어요. '그건 당신들이 상관할 바가 아니지! 씨발' 이러며 전화를 끊었는데 기사제목으로 '김어준 열애 인정' 이렇게 뜨는 거예요."

당일 콘서트에는 인정옥도 나와 "핑크빛 열애의 주인공, 김어준의 연인"이라며 돈독한 애정을 과시했다.

공정한 편파,
편파적 공정

"우리는 대단히 편파적이다.
그러나 편파적이 되는 과정은 대단히 공정하다."

"경상도 문둥이가 전라도 깽깽이에게!

우선 이 말부터 하고 싶습니다.

'이 전라도 깽깽이들아, 공산당도 아닌 것이 90% 몰표를 한 인물에 던져대는 이 3류 국민들아, 오늘 하루는 이제 드러내 놓고, 맘 놓고 짖고 떠들고 까불고 좋아해라. 세상이 다 네 것처럼 들뜨고 외쳐대라. 오늘 하루는 그렇게 감격해라.'

아주 오래 전부터 전 꼭 이 말을 해보고 싶었습니다. 전 정말 당신들을 '에이 씨팔 3류 국민 전라도 깽깽이들아' 하고 맘 놓고 욕해 보고 싶었습니다. 그런데 할 수가 없었습니다. 단 한 번도 드러내놓고 할 수가 없었습니다. 당신들을 그런 3류 국민으로 만든 또 다른 3류 경상도가 제 고향이었거든요……

50년만의 정권교체도 좋고, 능력 있는 놈이 대통령되는 것도 희망 차고, 책임을 묻는 국민의 소리를 확인하는 것도 참으로 즐겁습니다. 그런데 그런 오늘, 주제넘게도 당신들에게서 꼭 들어야 할 말이 있습니다. 당신들이 품고 왔던 17년짜리 응어리가 이제 막 녹아내리기 시작할 오늘, 전 당신들에게서 꼭 다짐받고, 듣고 싶은 말이 있습니다.

제 이야기부터 먼저 하지요.

저는 경상남도 진해에서 태어났습니다. 부산에서 초등학교, 중학교를 거쳐 서울로 이사를 왔지요. 저희 친척들은 지금도 대부분 경상도에 기반을 두고 살고 있습니다. 일부는 충청도에도 살고 있고, 나머진 서울에서들 살고 있지요. 그래도 다들 경상도 문둥이들이지요.

얼마 전이 저희 할아버님 생신이었답니다. 흩어져 살던 친척들 대부분이 오랜만에 한자리에 모였지요. 투표권을 가진 성인들만 20명이 넘게 모였답니다. 선거 이야기가 나왔습니다. 20명 중 대중이를 찍겠단 놈은 저 하나였지요. 친척 한 분이 무섭게 노려보더니 제게 그랬었죠. '니 미쳤나······' 그 다음엔 사방에서 저를 성토하는 목소리들이 튀어 나왔습니다. '점마가 요새 일이 잘 안 되니까네 돌아삔는 갑다······.'

어차피 논리로 당해낼 일이 아닌 줄 알면서도, 열심히 떠들어 봤습니다. '아이다······. 이젠 바까야 될 역사적 당위성이 있는 기라······. IMF 체제에선 어쩌고저쩌고······. 외교적 사고의 필요성이 이러쿵저러쿵······.' 제가 알고 있는 모든 논리를 총동원해 기를 써 봤지요.

'대중이 검마는 치매라 안 카나, 그 새끼는 빨갱이 아이가, 인마, 경상도에 통반장도 전부 전라도 아들이 다 한다카더라, 전라도 깽깽이들이 지랄하는 꼬라지를 우째 보노, 다리 저는 빙신 새끼가 되모 세계적으로 쪽팔린 일인기라······.'

당장에 무더기 반격이 돌아온 건 당연했지요. 스스로 하고 있는 말들이 사실이 아닌 줄 뻔히 알면서도, 그들은 경상도를 이용해 자기 배만 채우며 정권을 잡아온 자들이 만들어준 핑곗거리를 그렇게 열심히 되뇌고 있었습니다. 서로 서로 한마디씩 던져놓고 그 말들을 서로 서로 확인해 주며 그렇게 공범이 되어가고 있었던 거지요. 서민들은 원래부터 가져본 적도 없는 기득권을, 그런 있지도 않은 기득권을 잃을 것이란 불안감을 그렇게 토해내고 있었던 거지요.

제가 세상에서 가장 존경하는 저희 할아버님은 몇 년 전 후두암을 앓으신 후 발성기능을 상실하셨습니다. 성대가 없으셔서 무슨 말씀을 하시는 건지 잘 알아들을 수가 없답니다. 그래서 말수가 아주 적어지셨지요. 30분을 친척들끼리 떠들고 있을 때 당신께서 갑자기 입을 여셨어요. 다들 조용해졌죠. 조용하지 않으면 도저히 알아들을 수가 없으니까요.

'고마치 해묵었으모 됐다……. 부끄러운 기라……. 이제 마 대중이가 해라케라…….'

아……. 평생 '1번'만 찍으셨던 할아버님께서 그렇게 말씀하셨습니다……. 전 가슴이 아팠습니다. 잘못하는 것보다 더 나쁜 건 잘못을 인정하지 않는 것이라 제게 가르쳐 주진 80대 경상도 노인네 입에서 나온 그 말 속에 숨어있는 경상도의 부끄러움과 자조가 저를 가슴 아프게 했습니다. 정권욕에 사로잡힌 자들이 경상도의 가슴에 심어놓은, 아무도 드러내 놓고 말하지는 않지만 누구나 알고 있는, 원죄의식이 저를 슬프게 했습니다. 더 이상 아무도 아무 말도 하지 않았습니다.

아마 그분들 대부분은 그래도 대중이를 찍지는 않았을 겝니다. 저희 어머님이 평생 처음 기권하신 게 그나마 그 말이 우리 가족에 미친 영향의 전부일 겝니다. 적어도 겉으로 드러난 걸로는 말입니다.

경상도와 전라도의 대결이 끝날 날이 이제 머지않았습니다. 이제야 우리끼리 통일이 되는 날이 머지않았습니다. IMF도 이렇게 함께 풀자고요. 그래야 우리 모두가 삽니다.

김어준이었습니다.

1997년 12월 19일 새벽."

이 글은 인터넷에서 화제가 됐고, 1997년 경향신문 12월 20일자 23면, 21일자 동아일보 25면에도 소개됐다. (추후 창간된 딴지일보에도 게재됐다.) 플래닛을 접을 시점이었다. 김어준의 말이다.

"우리는 대단히 편파적이다. 그러나 편파적이 되는 과정은 대단히 공정하다."

'2002년 대선후보 일망타진 이너뷰'에서 밝힌 이 말은 그의 수많은 어록 중에 가장 빛나는 것이라 나는 개인적으로 평가한다. '마구만'이라는 네티즌이 인터넷신문 프레시안 게시판에 글을 올려 김어준의 이 말에 보태는 듯 한마디 했다.

"공정하게 편파적인 것이 가장 공정한 것이며, 편파적으로 공정한 것이 가장 편파적인 것이다."

윤병대 식의 공정은 시시비비를 가리지 않는 우를 범할 공산이 크다. 이쪽 50, 저쪽 50, 기계적 균형 맞추기식이다. 일제강

점기에 독립군 의견 반, 일본경찰 의견 반으로 균형을 찾을 수 있으며, 광주민주화운동에서 시민군 의견 반, 진압군 의견 반이 공정으로 규정될 소지가 있다.

김어준의 '정의로운 편파'에 대해서는 이젠 공론의 장에서도 인정되는 바가 된다. 그러나 김어준이 판단한 '옳음'을 두고는 지금도 지난한 논란과 비평이 뒤따른다.

황우석에 관한 김어준의 태도가 우선적으로 도마 위에 오른다. 상당수 논객은 이를 '황우석 두둔'으로 규정하더니 '김어준 흑역사'로 판정한다. 이 논란 막바지에 나온 김어준의 한마디.

"그건 그냥 내가 욕을 먹고 갈게. 하하하"

김어준은 '황우석 사태 관전기'라는 제목의 칼럼을 2005년 11월 29일자 부산일보에 실었다. 때는 황우석 박사의 논문 조작 논란으로 뜨거운 상황이었다.

"황우석 사태는 생뚱맞게도, 2002년 한일월드컵과 오버랩 됐다. 말하자면 〈PD수첩〉은, 2002년 안정환의 이탈리아전 결승 헤딩골은 카메라가 비출 수 없는 곳이어서 제대로 잡히지 않아 그렇지, 사실은 안정환의 핸들링이었다는 것을 온갖 자료를 동원해 증명해낸 것이다. 또 손에 닿은 것을 알면서도 아무 말 하지 않은 안정환은 거짓말쟁이라는 걸 다큐멘터리로 만들어 입증한 꼴이다."

그리고 한 달여 뒤, 황우석은 12월 23일 "이 시간부로 (서울대 교수직에서) 사퇴한다"고 밝혔다. 서울대 조사위원회가 논문 조작이라며 중간조사 결과를 발표한 직후였다. 김어준은 이로부터 일주일여 후인 12월 29일자 한겨레에 이런 칼럼을 싣는다.

"황우석에 대한 대중의 감정이입 즉 황우석에 대한 대중의 지지를 멍청한 착각이고 위험한 파시즘이라고만 단정하는, 게으르기까지 한 관성적 비판과, 영웅적 캐릭터 즉 황우석으로부터 위로받고 대리만족마저 느끼던 대중을 단번에 애국주의로 괄호 치는, 그 야박하고 오만한 이성주의가 난 훨씬 더 재수 없다."

그러나 이듬해 2006년 1월 10일 서울대 조사위원회는 "황우석 박사의 논문은 조작됐으며 배아줄기세포는 전혀 없었다"는 최종 결과를 발표했다. 발표 내용의 일부 혼선이 있었지만 언론은 황우석을 사기꾼으로 단정했다. 김어준은 또 칼럼을 썼다.
2월 2일자 한겨레 기고문 마지막 부분.

"나중에 바보 되면 내 배는 내가 알아서 째리라. 하지만 난
이 사건이 도대체 이상하다. 나만 그런가."

이를 두고, 과거 딴지일보 논객으로 활동한 바 있던 노정태
가 프레시안 "아르마니 탐했던 소년, '진보 교주'로 부활하다!"에
서 짚는다.

"박지성에게 '두 개의 심장'이 있듯이, 우리는 김어준에게
'두 개의 자아─캐릭터'가 있다고 말해볼 수 있을 것이다. 배낭여
행을 통해 얻은 경험을 곱씹으며 만들어낸 '세계시민적 개인주
의자'가 한 편에 서 있다면, 노무현의 당선과 2002년 한일월드
컵, 노무현 탄핵, 황우석 사건, 이후 노무현의 검찰 조사와 자살
등으로 이어진 일련의 비극을 통해 확고해진 '음모론적 정치선
동가'가 다른 한쪽에서 바라보고 있다. 그 양자 사이의 간극은
실로 어마어마하다."

노정태는 음모론적 정치선동가로 김어준이 황우석 사태로 인해 크게 위기에 빠지자, 세계시민적 개인주의자의 옷으로 갈아입고 나타나 실추된 명예를 회복했다고 말한다.

이 문제로 극단적인 대립을 보인 진중권은 『하나의 대한민국 두 개의 현실』이라는 책에서 "황당했죠. 좀 쿨 할 줄 알았는데, 그 사람이 먹고 사는 구조가 아마 대중의존적일 거예요. 저는 그렇게 이해를 해요. 그 사람의 생각까지 그랬을지는 잘 모르겠고요. 딴지일보라든지 이런 것들이 대중매체잖아요. 대중을 거스르기는 힘들었을 거예요. 거기에 모호한 포지션을 취하다가 스타일이 구겨져버린 거죠. 아예 말을 안 해버리면 괜찮은데"라고 했다. 김어준은 어떤 입장일까.

"복잡한 사건인데 짧게 이야기하면 황우석 교수가 잘못하지 않았거나 봐주자는 이야기가 아닙니다. 그때 했던 이야기는 황우석이 잘못한 만큼의 비난을 받아야 하지만 잘못한 것 이상의 비난을 받아서는 안 된다는 거였습니다. 그렇다면 그 사람이 잘못하지 않은 부분에 대해서는 누구의 잘못인지 따져봐야 합니다. 전체 그림의 실체를 파악하기보다 황우석 개인의 잘못에 집중되어 있는데 이건 아니라는 것이 제 주장이었습니다. 양단

으로 의견이 나뉘어졌기 때문에 완전히 동조하거나 저쪽 입장
에 서야 하는데 그래서 욕을 먹었습니다."

한마디로 요약하자면 이런 것이다.

"10을 잘못하면 10만 잘못했다고 말하면 됩니다. 그러나
10을 잘못했는데 100을 잘못했다고 한다면 그건 반칙이지요."

그가 『닥치고 정치』에서 했던 말도 있다.

"보수성을 타고 났을 뿐인 불완전한 인간 하나 즉 황우석
을, 보수성이 있다는 이유만으로 사회적 걸레로 용도폐기 하는
진보의 잔인한 비인간성. 그거 아닌가. 설득시키기 힘들다."

누군가는 이 발언을 두고 논리적 비판에 '진정성'과 감성으
로 대꾸하는 식이라고 반박한다.

한편 오랜 황우석 지지자로 알려진 경기방송 PD 노광준은
자신의 블로그에서 이런 입장을 드러냈다.

"그는 김어준과 다른 프레임을 갖고 있다. 김어준이 '한강다리 위에 돋보기를 들이대는, 소년 탐정 김어준'이란 비아냥거림을 들으면서도 자신이 모을 수 있는 모든 자료를 끌어 모아 사건의 실체적 진실을 탐구할 무렵 그는 일관되게 황우석을 지지하는 국민들의 뇌구조를 탐색했다. 그의 주된 관심은 황우석도 줄기세포도 아닌 '애국주의 집단광풍'이었기 때문이다."

노광준은 김어준을 어떻게 평가했을까.

"솔직히, 그가 9년 전(2006년)에 쓴 글을 보며 소름이 돋았다. 이 사람 진짜 똑똑한 사람이라는 혼잣말이 절로 튀어나왔다. 당시 그는 황우석 박사를 한 번도 만나지 않았다. 어떤 연구원과도 관계가 없는 사람이다. 그런데 그런 그가 쓴 '황우석 미스터리'라는 칼럼은 지금 다시 내놓더라도 손색이 없을 만큼 예리하고 분석적이다. 그러나 지금 김어준은 어떤 평가를 받고 있을까. 세간의 평가는 잘 모르겠지만, 그가 발 담그고 있는 진보진영에서는 그때도 그렇고 지금도 그렇고 그는 여전히 황우석 사건에 대해 대표적 음모론자로 통하고 있다. 그는 바보가 아니다. 배를 쨀 일도 하지 않았다. 오히려 그 어떤 언론도 다루지 못한 상식의 잣대로 이 사안을 접근했다. 그런데 그가 왜 바보 아닌 바보가 되어 침묵해야 하는가."

그러나 김어준은 고립됐다. 2006년 2월 9일에 나온 〈한겨레21〉 기사 '누구의 음모란 말입니까'를 보면 이미 바보가 돼 있다. 권두언인 '만리재에서' 고경태 편집장은 이렇게 썼다.

"'없어? 없단 말이야? 씨바~.' 인상이 찡그려지기보다는 웃음이 터지는 정겨운 욕설입니다. 어느 날 그가 그런 말투로 전화를 걸었습니다. '음모론 혹시 없우?' 회사 앞 식당에서 점심을 먹는 중이었습니다. 다짜고짜 그렇게 물으니 생뚱맞았습니다. '뭐시기?' '한겨레21 기자 중엔 음모론 믿는 기자 없냐고, 씨바~.' 글쎄, 있다고 해야 하나, 없다고 해야 하나. 잠시 생각에 잠기다 썰렁하게 답했습니다. '없는데?' (중략) 음모론의 종류는 가지가지입니다. 여기서는 황우석 교수를 둘러싼 이야기를 합니다. 누군가 나쁜 놈들이 공모해 황 교수를 돌이킬 수 없는 구렁텅이에 빠뜨렸다는 의심이자 가설입니다. 이런 주장들이 인터넷에서는 환영을 받고 있다고 합니다. 하지만 실명을 내걸고 뛰어든 이들은 거의 없습니다. 그가 거의 유일합니다. 딴지 김어준 총수입니다. 저는 소년 탐정 김어준이라는 표현을 쓰고 싶습니다."

　　한발 더 나가 일각에서는 김어준을 국가주의자로 단정하는
견해가 있다. 국가주의로 외피를 두른 대중을 선동하는 포퓰리
즘은 군사정권 시대에 적극 오용한 조중동마저 경계하는 비논
리의 극치다. 이를 김어준에게 덮어씌우는 것이다. 황우석 논란
도 그 중 하나다. 2009년 8월 25일자 〈주간 경향〉과의 일문일답
이다.

김어준　　황우석이 창출할 수 있다는 국부, 국격 그런 거 관심
　　　　　없어요. 지난 10여 년 동안 자기 이데올로기의 틀에 따
　　　　　라 황우석을 재단하느라 사건을 끝까지 몰고 가는 거,
　　　　　소위 우파들이 빨갱이로 뒤집어씌우는 것과 비슷하지
　　　　　않느냐 하는 것이 내 생각입니다. 나쁜 놈이 겁난다고
　　　　　욕하지 않는 것도 비겁하지만 뭔가 옹호할 것이 있는
　　　　　데 그게 모양이 안 난다고, 그랬다가 오해를 받을 수도
　　　　　있다고 옹호하지 않는 것도 비겁한 것입니다. 저는 그
　　　　　정도로 생각했습니다.

김어준이 영화 〈디워〉를 옹호했다는 논란도 그렇다. 김어준은 정말 〈디워〉를 두둔했나. 이에 대해 김어준은 "내가 언제 그랬나"라는 반응이다. 실제 아무리 검색해도 〈디워〉와 관련한 김어준의 언급은 찾을 수 없었다. 황우석 지지는 곧 심형래 지지라는 도식은 근거를 갖추지 않는 한 선입견에 지나지 않아 보인다.

나꼼수 인기를 두고 진중권은 "황우석·심형래 사건에서 실추된 자신의 명예를 회복하려는" 김어준의 의도에 주목했다. 영화평론가 허지웅도 "과거 황우석이나 심형래 광풍의 사례에서 보여주었듯, 김어준은 민중이라는 단어의 중독성에 몸을 의탁한 사람이 듣기 좋아할 만한 말만 골라 하는 방법으로 반지성주의에 기반을 두어 지성인으로서 지분을 획득한다"고 했다.

〈디워〉 언급이 없어도 이 의문은 여전히 유효하다. '스포츠 내셔널리즘' 논란이 그렇다. 김어준의 글 '우리는 강팀이다'가 대표적이다. 2002년 6월 15일 딴지일보에 게시된 글이다.

"이번 게임에선 우리가 이길 만하니까 이긴 거다. 우리가 정당하게 페어플레이해서 이긴 거 맞다. 그러니 우리가 비겁하게 승리를 뺏어낸 거라 생각하고 스스로 쪼그라들고 스스로 비아냥거리는, 만성적 패배주의에 찌들어 차분하기 짝이 없는 일부의 소심한 사람들아, 이제 제발 그만 차분해 하고 흥분해서 발광을 하며 날뛰는 주변의 정상적인 인간들이랑 어깨동무하고 같이 마음껏 난리치길 바란다."

노정태는 이 부분을 지목하면서 홈그라운드의 이점이 반영된 오심 논란 따위는 배제한 채 스스로 강팀임을 강변하는 김어준의 관점을 2013년 4월 5일 글에서 비판한다. 특히 6월 24일의 "제발 이제부턴 익숙해지자. 승자의 시선으로 세상을 봐라"는 김어준의 추가 언급에는 "'세계시민적 개인주의자'의 그것과는 사뭇 다른 맥락을 형성한다."고 이야기한다.

"'애국' 감성은, 일차적이고 원시적인 공동체적 감수성이다. 그게 다치면 집단 반응하는 것까진 당연한 거다. 문제는 그 정도를, 우리 사회가 자율통제할 수 있는가 하는 것일 뿐. 그런데 그런 감성의 존재 자체를 촌스럽고 위험하다 여기는 게, 비장한 책무인 줄 아는 흐름, 있다. 자신의 열패감을 애국주의로 치환하는 치졸한 수작들만큼이나 웬만한 '애국' 감성은 간단히 파시즘으로 매도하는 그 게으르고 강박적인 호들갑이 안쓰럽다. 그건 오만한 것이기도 하거니와 지적 태만이다."

2009년 2PM 박재범이 마이스페이스라는 SNS에다 "I hate koreans. Korea is gay."라는 글을 남겨 팀 탈퇴 및 연예활동 중단이 불가피해진 사건을 계기로 김어준이 한 말이다.

나는 노정태에게 국가주의보다는 온정주의의 잣대에서 김어준을 비판하라고 조언하고 싶다. 김어준에게 '인(仁)'은 국가주의의 논리에 버금가는 가치다. 김어준 식 인은 『근사록』 '위학'에 나온 "지요의리재배(只要義理栽培)"(인을 의리로써 키워야 한다)로 상징된다.

그가 상대가 누구건 직설적 비난을 피하는 대신 풍자 해학으로 대꾸하는 것도 이 맥락에서 봐야 한다. 대표적인 글이 있다. 1998년 프랑스 월드컵에서 국가대표 축구감독 차범근이 대회 도중 교체된 사건과 관련해서다. 제목은 '그래, 차범근을 사형시켜라!'이다.

"차범근을 사형대에 세우고 뒤에 숨어 월드컵 비난을 벗어나 자리보전 하려는 비열한 축구협회와 차범근 마케팅으로 장사 좀 해보려는 언론의 비정하고 천박한 한건주의⋯⋯. 또 이런 것들에 따라 휘둘리며 차범근 죽어라 욕해대는 국민들의 냄비 근성⋯⋯. 이런 것들도 다 본질은 아니다. 4강 후보로까지 점쳐

졌으나 4강은커녕 16강도 못 오른 클레멘테 스페인 감독도, 숙명의 라이벌 아르헨티나에게 패해 16강에서 탈락한 호들 잉글랜드 감독도, 모두의 예상을 깨고 이번에 크로아티아에게 깨졌을 뿐 아니라 지난 94년에도 4강 진출에 실패한 포크츠 감독도……. 모두 그대로 감독직을 수행하고 있다. 반면, 단 한 번의 실패로 우리는 우리가 30년 가까이 좋아했고, 좋아할 자격이 충분했던 한 성실한 스포츠 영웅을 처절하게 난도질해 너덜너덜하게 만들어 쫓아내버렸다……. 우린 한마디로 영웅이나 천재를 가질 자격이 없는 사람들이라는 것이다. 아낄 줄도 모르고 그저 즐기고 이용만 하다가, 맘에 안 들면 바로 죽여 버리는 우린, 차범근을 가질 자격이 없는 사람들이다……아는가……. 차범근을 전 세계에서 가장 미워하는 나라는 우리나라라는 것을……. 그래, 이렇게 발기발기 찢느니 차라리 차범근을 사형시켜버리자……."

김어준을 스포츠 내셔널리스트로 규정하기엔 다소 이질적이지 않나. 김어준 국가주의 논란에 대한 짚어볼 단면이 또 있다. '허경영 풍자'다. 김어준은 자신이 진행하는 SBS라디오 '김어준의 뉴스앤조이' 2007년 7월 24일 방송에서 당시 시사평론가로 출연한 나와 이런 대담을 나눴다.

김용민   제가 충격 받은 것은 조선왕조 부활 공약이었어요.

김어준   그건 생각 안나나요? 암행어사 부활. 제가 마패도 봤
        어요. 이미 천 명의 암행어사를 확보했다고 하는군요.
        그 사람들이 실제로 있느냐 물으니 대학노트를 꺼내
        요. 그리고 거기에 적힌 사람 명단을 보여줘요. 자기가
        탔던 택시 기사들이었어요. 이런 공약도 있어요. 출마
        할 때 이미 당신의 당선을 예언하셨어요. 그러면서 당
        선 직후 2개월 간 종적을 감춘다고 합니다.

김용민   그렇다면 대통령 유고 상태?

김어준   그리고 2개월 후. 홀연히 서울잠실운동장에 100만 명
        이 운집해 있는 가운데 나타나 취임식을 한다는 겁니
        다. 그래서 제가 사소한 문제가 있는데 거기는 8만 명
        밖에 못 들어간다고 했어요. 하하하. 그러나 그분께
        서는 그런 사소한 문제에는 개의치 않는다고 하셨어
        요.……

김용민   이런 다양한 공약을 실현하기 위한 자금 조달 방법이
        있어요. 『무궁화 꽃은 지지 않았다』라는 책.

김어준　2002년 당시에 이미 출간됐어요. 출간할 때 띠지가 생각나는데 '3천만 부! 판매 예정' 이거였어요.

김용민　지금 계획으로는 일본에서 3000만부 시판 예정이라고 하는데. 일본에서 그만큼 팔리면 중국어판으로도 제작할 것이고, 그렇게 해서 한류열풍이 번지면 아시아연방 통일 대통령이 된다는 공약도 했어요. 그 다음은 세계 대통령.

김어준　그때가 아마 2020년이라지요? 세계 대통령 취임 시점을 어떻게 아느냐. 이런 말을 해요. "저는 아침마다 명상에 잠깁니다. 그러면 블랙홀로 들어가요. 잠시 후 화이트홀로 나옵니다." (웃음)

　　김어준을 탄복케 한 발언은 바로 이것. 한겨레 2009년 9월 3일자 상담코너 [매거진 esc] 김어준의 그까이꺼 아나토미에 쓴 글.

　　"본 교사, 무명시절의 허경영 총재, 몇 번 알현한 적 있어. 허 총재, 자신의 아시아연방대통령 취임을 비롯해 예언 참 많이 하셨지. 한 번은 원이 곧 아시아 공용화폐가 된다는 거야. 그 이유,

묻고 말았지. 부끄럽게도 믿음이 부족했던 게야. 이렇게 답 주셨어. 중국은 위안, 일본은 엔, 그 발음 중간이 뭐냐. 원. 그래서 원이다. 그 명쾌함에 내 꼬추는 혼절을 하고 말았지.……"

　　김어준이 『닥치고 정치』에서 한 말.

　　"허경영의 과대망상과 박정희의 독재정치 사이에 가공할 만한 연관성이 있다. 진지한 얼굴로 정치를 말하는 유력 정치인들이 허경영과 무슨 차이가 있는가. 박정희를 계승한다고 주장하는 허경영의 과대망상은 현대 한국 정치의 민낯을 드러낸다.…… 나더러 우파라고 하는 사람도 있고 좌파라고 하는 사람도 있는데, 난 사실 언젠가부터 그런 거 전혀 관심 없어.…… 난 그냥 본능주의자.(웃음) 내가 타고난 본능과 직관과 균형 감각으로만 살다가 어느 날 그냥 조용히 갈란다. 그래서 이 일에 내 존재를 그냥 쉽게 걸 수 있다. 무슨 대단한 결단이 아냐. 그냥 하고 싶어서 하는 거야. 내가 해낼 수 있다는 걸 아니까 하는 거야. 그래도 구조가 날 써주면 일해 준다.(웃음) 안 써주면 혼자 논다.(웃음) 지금. 당장. 나우."

2015년 봄. 김어준에게 다시 물어봤다. "황우석 논란은 미진하게 끝난 면이 있다. 재론해볼 여지는 없는가"라고. 담배 한 모금 빼고는 이렇게 말했다.

"난 그때 하고 싶은 말 다 했어. 지금도 (내 주장이) 옳았다고 보기 때문에 바꾸거나 보탤 말 따위는 없고."

정봉주와
만나다

"'의원님, 시끄러워요!'
순간 스튜디오 안에 있던 의원들 표정이 굳어졌다.
밖에 있는 스태프들도 사색이 됐다. 생방송이라 편집도 안 되는 상황에서
현역 국회의원에게 시끄럽다고 소리를 쳤으니 이건 확실한 방송 사고다.
'정봉주가 화라도 낸다면……'"

김어준의 역사에서 정봉주를 빼놓을 수 없다. 정봉주 전 의원이 자신의 책 『달려라 정봉주』에서 밝힌 내용부터 보자.

"제도권 방송인 지상파에서도 김어준 총수의 진행은 독특하다. 모범적 진행은 '개나 갖다 줘라' 하는 식이다. 나와서 점잖게 권위 잡고 개폼 잡고 있으면 특히 정치인들에게는 반드시 틈을 봐서 점잖게 조지고, 농담 날리듯이 느닷없이 다가가서 당황하게 만드는, 어쨌든 그런 인간들에게 똥침 한 번 제대로 날리는 것이 김 총수 방송의 특징이다.…… 그렇게 방송에서 만났다. 타고난 천성이 가볍고 행동이 경박하기 이를 데 없는 봉 도사(정봉주 자신) 아닌가? 이런 봉 도사가 등장했으니 천하의 김 총수도 당황 모드였다."

2011년 9월자 〈주간 경향〉에서 밝힌 정봉주의 진술을 더

들어보자.

"2005년 CBS라디오 '김어준의 저공비행'에 우연히 출연하게 됐다. 각 정당 의원을 불러다놓고 퀴즈를 맞히는 코너였다. 내가 문제를 맞히면 나꼼수에서 하듯 내 자랑을 심하게 했다. 김 총수도 맞장구치면서 본인도 웃고 나도 웃고 그랬다."

다시 『달려라 정봉주』의 한 대목을 인용한다.

"점차 불멸의 내공이 등장하기 시작했다. 20세기 제도정치권에서는 전혀 용납될 수 없는, 그러나 21세기 정치 지형에서는 한 번 관심을 가져볼 만한 유쾌 발랄한 세상을 향한 최종 병기 정봉주의 등장, 그리고 이 시대 똥침 교주와의 운명적 만남은 기억도 할 수 없는 날 느닷없이 이뤄졌다. 방송 중에 봉 도사의 말이 끝없이 길어졌다.…… 진행을 맡은 김 총수 태클 들어오려고 우물쭈물하는 게 다 보였다. 봉 도사 개의치 않았다. 순간 김어준 내질렀다. '의원님, 시끄러워요!' 순간 스튜디오 안에 있던 의원들 표정이 굳어졌다. 밖에 있는 스태프들도 사색이 됐다. 생방송이라 편집도 안 되는 상황에서 현역 국회의원에게 시끄럽다고 소리를 쳤으니 이건 확실한 방송 사고다. '정봉주가 화라도 낸다면…….' 그런데 말이 끝나기가 무섭게 박장대소를 하며 웃어대는 정봉주. 김 총수도 기다렸다는 듯이 웃어대기 시작했다."

〈주간 경향〉 기사로 이어간다.

"나중에 김 총수가 속으로 '정 의원은 다른 정치인과 다른 면이 있다'고 생각했다더라. 그 이후 인연이 계속돼서 SBS라디오 '김어준의 뉴스앤조이'에도 나가고 3년 정도 같이 방송을 했다."

SBS에서 정봉주는 '김어준의 뉴스앤조이'의 '국회 프락치' 코너에 출연하여 정치권 뒷얘기를 들려주는 역할을 했다. 열린우리당 소속 정봉주만 출연케 할 수 없어서 한나라당 정치인도 나오게 했는데, 홍준표 의원이었다. 김어준은 솔직담백하게 말하는 홍준표를 좋아했다.

그랬던 김어준은 그렇게 하차했고 다른 방송 진행 기회조차 불투명했다. 앞서 언급한대로 MB와의 호의적 인연이 아니었기에. 김어준의 하차로 정봉주 역시 출연 기회를 상실했다.

정봉주는 김어준과 달리 이명박이 표적으로 삼았던 인물이

다. 2007년 대선 과정에서 'BBK 스나이퍼'로서 이명박에게 위협
을 가했던 인물이다. 이명박은 대선 승리 이후 경쟁후보 정동영
을 비롯한 상대 후보 진영 인사 전원에 대해서 고소 고발을 취
하했지만 정봉주만은 예외였다. 더욱이 정봉주는 대선 후 반년
도 안 돼 치러진 2008년 4월 총선에서 재선에 실패해 '전 의원'
이 되고 말았다.

　그렇게 최악의 해 2008년을 함께 맞은 김어준과 정봉주는
같은 처지에서 자주 어울렸다. 그들은 여의도 극동VIP빌딩 2층
'낙원식당'에서 주로 만났는데, 2008년 봄 어느 날의 대화다.

정봉주　어, 김 총수, 여기 와!

김어준　하하하, 축! 낙선! 실업자 정봉주! 하하하.

정봉주　쉿! 조용히 해! 여의도에서 아직도 날 국회의원으로 아
　　　　는 사람들 있다고!

김어준　나 같으면 여의도 쪽으로는 오줌도 안 싸겠구먼. 낙선
　　　　하고도 왜 여기서 얼쩡대세요?

정봉주　국회 현관에서 걸어 올라가면 경위들이 아직도 나한테
　　　　차렷 자세로 경례한다고. 하하하.

김어준　그런데 감옥 갈 준비는 하는 거예요? 하하하. MB가 진

짜 열 받아 하는 것 같더만.

정봉주 딴 사람 다 취하했는데. 나만은 그대로 걸더라고. MB 가 그랬다는 거 아니야. '딴 놈은 몰라도 정봉주만은 절대 용서하지 않는다'고. 하하하. 근데 내가 장담해. MB가 이걸로는 쟁점화 못해. 수사하다가 BBK 진실이 밝혀져 봐. 그때는 끝나는 거거든. 얼마 간은 이대로 두다가 끝내 취하하지 않겠어?

김어준 캬, 의원님, 너무 나이브하시네. 검찰을 믿으세요? 검찰 은 어떻게 하면 이명박한테 잘 보일까 그 궁리만 하고 있을 텐데. 의원님이 먹잇감이 될 수 있어요. 그나저나 절 왜 보자고 하셨어요?

정봉주 김 총수, 나 방송 좀 출연시켜 줘.

김어준 방송이오? 저도 잘렸어요. 하하하

정봉주 MB는 그런데 왜 잔챙이까지 잘라? 야권의 거목, 떠오 르는 태양, 이 정봉주만 탄압하는 게 아니었어?

김어준 의원님, 정신 차리세요. 하하하.

평소 정봉주에 대한 김어준의 월단평은 이러했다.

"그는 경박해 보이는 듯해도 진심이 있는 사람이다. 2007년 대선을 앞두고 당 경선 때에 정동영 후보를 지지하지 않았지만, 그는 자기가 미는 후보가 당 대선 후보가 되지 못했다고 뒤에서 본척만척하지 않았다. 이미 당선권에 근접한 이명박과 정면으로 붙었다. 그가 살아있는 권력이 된다면 쥐도 새도 모르게 제거당할지 모른다는 트라우마도 잊었다. 그는 가장 정치적이면서, 가장 용기가 있었다."

선거 후 정봉주는 예상한대로 시련의 세월을 보내고 있었다. 1심, 2심 모두 징역 1년형이 선고된 것이다. 대법원에서 확정된다면 영락없이 감옥행이다. 민주화운동 당시라면 감옥행이 훈장이지만, 끈 떨어진 50대 낙선 의원에게는 호적에 그어지는 '빨간줄'에 다름없었다. 너무나 가혹했다. 게다가 출감되면 뭐하나. 2심까지 나온 형에 따르면 그로부터 10년은 각종 선거에 출마도 못하는 판인데. 게다가 정봉주는 명문대 총학생회장 출신의 다른 486 정치인들과 달리 민주화운동 진영 안에서도 비주류였다. 2010년 당 최고위원 선거에도 나섰지만 끝내 고배를 마시고 말았다. 뭐하나 풀리는 게 없던 터였다.

지상파 재진입이 사실상 차단된 김어준은 여러모로 대안방송의 길을 모색했다. 이미 웹토이 방송의 실패에서 '콘텐츠에 우월할 하드웨어는 없다'는 교훈을 얻은 바 있는 김어준은 '어떤 플랫폼으로 나가느냐'는 중요하지 않다고 생각했다. 나꼼수를 기획할 무렵 그는 내게 이렇게 말했다.

"내가 우르부르 사업을 해봤잖아. 거기에 들인 비용, 또 유지하기 위한 비용을 감안해보면 플랫폼 사업까지 감당하려 하면 배보다 배꼽이 더 커져. 무리야."

그러다가 2009년 초여름. 한겨레TV(당시 HANI TV)에서 재결집을 한다. 프로그램명은 '시사CCTV 김어준의 뉴욕타임스'였다. 미국 동북부에서 발행되는 유력 신문 〈뉴욕타임스〉의 제호 그대로다. 조어는 김어준이 했다. 새로운 욕(辱)이라는 중의가 있느냐는 질문을 받았으나 "아니다. 그냥 재밌어서"라고만 대꾸했다. 그게 사실인 듯하다. 패러디 문화의 창시자 격이긴 하나 김어준은 언어유희를 그리 즐기는 편이 아니다. 6월 23일에 처음 업데이트된 1회 방송 오프닝부터 화제였다.

"안녕하세요? 김어준입니다. '김어준의 뉴욕타임스'라고 제목을 정했다고 하니까 뉴욕타임스와 무슨 상관이 있는 거야라고 사람들이 묻더라고요. 없습니다. 아무것도. 그럼 왜 뉴욕타임스냐. 재밌잖아요. 재밌으면 됐죠. 뭐. 그럼 어떤 방송을 할 생각이냐. 저는 이명박 대통령이 싫습니다. 그럼 안 되나요? 안 될 이유 없지요. 국민이 대통령이 좋아할 수도 싫어할 수도 있죠. 그건 별거 아니죠? 저는 싫습니다. 그래서 앞으로 편파적인 방송을 할 생각입니다. 다만 그 편파에 이르는 과정은 최대한 객관적이고 공정하도록 노력하겠습니다. 마지막으로 넥타이가 왜 까만색이냐? 노무현 대통령 서거 때 저는 굉장히 많이 울었습니다. 그런데 어떤 사람들은 그렇게 이야기하더라고요. 아예 3년상을 치러라, 치러. 이러더군요. 이 말을 듣고 보니까, 아, 그렇다, 3년상을 치르면 되겠구나, 그래서 저는 앞으로 3년간 3년상을 치르고 그 마음 그대로 다음 대선에 임할 생각입니다."

첫 5회는 황상민 연세대 심리학과 교수가 나와서 주로 MB의 심리를 연구했는데 '장악당한 방송'에 질린 누리꾼의 열띤 호응을 얻었다. 그러나 황 교수가 출연을 중단하면서 대체 코너가 필요했고 그때 내가 투입됐다. '시사장악퀴즈'라는 이름으로 말이다. 정봉주가 투입된 시점은 2010년 1월 첫 방송. 특집 형태의 일시 출연이었지만 곧 정규 코너가 됐다. 제목은 '정봉주의 PSI'. 우리의 호흡은 찰떡궁합이었다. 수익은 CBS, SBS 등 기성매체와 비할 바 아니었으나 이에서 누릴 수 없었던 표현의 자유를 폭넓게 구가했다.

그런데 논란이 발생했다. 진원지는 한겨레 내부였다. 정봉주가 '전직 의원'이긴 하지만 공당의 당원협의회위원장 즉 지역위원장으로서 이 사람에게만 고정 출연 기회를 주는 것은 합당치 않다는 목소리가 일부 대두된 것이다. 물론 이에 대해 담당 부장 이정용과 PD 이경주가 '이 같은 형식논리가 인터넷방송에서 불필요하다'며 반발해 의견에 그치고 말았다. 그러나 종이로 나오건, 인터넷으로 나오건 신문사 브랜드로 나오는 모든 콘텐츠에는 일정한 격식이 필요했고, 이런 한겨레의 고민은 공매체로서 타당했다. 이러한 진원이 나꼼수의 태동 배경이 됐다.

여담인데 나꼼수가 주목받던 2011년 10월 11일 출고된 오마이뉴스 정봉주 인터뷰로 한겨레 내부가 시끄러웠다. 문제 발언은 이랬다. "(한겨레신문사) 위에서 자꾸 뭐라고 한다는 거예요. 제가 민주당 소속이니까 특정 정파를 대변한다고……. 근데 저는 민주당을 칭찬한 방송을 별로 한 적이 없거든요. 그건 핑계고, 날선 발언이 싫은 거라고 봐요. 두려웠던 거지. 발언이 아픈

거지. 그걸 눈치 채고 김어준하고 제가 스마트폰미디어 등을 고
민했던 거죠." 그러자 한겨레 일부 국장이 '그런 사실이 없다'며
문제제기했고 정봉주는 유감을 표명했다.

김어준 증언 인터뷰:
딴지일보 편집장

김어준은 본질과 관련 없는 껍데기를 단숨에 솎아낼 수 있는 사람입니다.

그가 음모론을 펼친다면 음모론 안에 다른 음모가 있을 가능성이 높습니다.

그걸 즐기시길 권장합니다.

김어준과 나의 관계를 소고기 부위로 말하자면 갈비쯤 된
다. 소 부위에서 갈비는 중량이 가장 많다. 그런데 김어준과 딴
지일보 편집장 김용석(필명 '너부리')은 제비추리로 볼 수 있다. 소
부위 중 얼마 없는 특수부위에 해당한다. 나보다 그가 김어준과
더 특수하고 희귀한 관계라 하겠다. 두 사람은 15년 동안 먹고
사는 문제를 함께 공유했던 사람이다. 물론 중간에 사업한다고
나가서 헤어지고 사업 망하고 다시 들어온 곡절마저 공유한.

나에게 김어준의 가장 존경스러운 점을 꼽으라면 '김용석과
함께 하는 것'이라고 말할 정도다. 김어준 없어도 딴지는 존속
가능하다. 딴지가 자리한 벙커1에서 머물던 1년, 나는 가공할 필
력에 비해 너무나 대비되는 경건한 그의 자세를 주목했다. 그 안
에 꿈틀대고 있을 용력의 실체를 궁금해 했다. 게다가 그는 딴지
아니 은하계를 통틀어 진보, 합리, 이성을 추구하는 사람에게
찾기 힘든 근면, 희생, 겸손의 가치를 발견한다.

이 책 쓰기 이전부터 나는 그에게 묻고 싶었다. '당신에게 김어준이란?' 그에 앞서 지인들의 김용석 평을 들어보자. 딴지일보 정치부장 직함으로 유명한 박성호(필명 '물뚝심송')은 딴지일보의 팔할이 김용석에게 있다고 말한다.

"오늘의 딴지일보를 얘기하기 위해서는 너부리라는 한 인물에 대한 얘기를 빼놓을 수가 없다. 딴지총수 김어준이 신문이다 방송이다 돌아다니면서 자식같은 딴지일보를 버려두고 있는 상황에서, 가카의 삽질정권 출범과 함께 딴지를 다시 살려낸 장본인은 바로 현 편집장 너부리인 것이다.

법을 전공하고 사시에 도전하던 중, 어느날 갑자기 필이 꽂혀 딴지에 입사한 그는 방대한 독서량과 기발한 창의력으로 딴지의 역사에 수도 없는 명작 기사를 만들어내던 딴지일보 공채 1기 출신이다. 아니 그의 진솔한 고백에 따르면 1기도 아니고 1.5기쯤.

성인용품 벤치마크 연재를 하면서 명랑완구 사업을 주도했던 그는 아마도 이 땅에서 가장 앞섰던 데이팅 사이트 "남로당=남녀불꽃노동당"을 만들고 운영하기도 했다. 이 사건은 그의 지적이고 순수해 보이는 외모 밑에 숨겨진 가공할 변태력을 입증하는 사건이기도 하다.

그런 그가 가카의 등장과 함께 딴지를 되살려낸다. 이른바 딴지일보의 매일 업데이트 사건이다. 딴지일보는 일보라는 이름과는 달리 지좆대로 업데이트 하는 걸로 유명한, 좋게 말하면 매우 쿨하고 나쁘게 말하면 졸라 싸가지 없는 정책을 유지해 왔는데, 너부리는 말 그대로 딴지일보의 매일 업데이트를 시도한다. 그리고 그 무리수를 일 년 이상 유지하기에 이른다. 스스로 말하기를 일 년여의 기간 동안 300건 이상의 글을 쓰고, 4000건 이상의 기사를 선정해 마빡에 게재했다고 한다.

공채 1기 출신이 이제 딴지의 편집장이 되어, 겨우 두세 명의 상근 딴지스를 데리고, 매일 허리가 휘도록 글을 고르고 편집해서 마빡에 게재하는 짓거리를 일 년 반이 넘도록 해온 것이다. 제때 월급은 커녕 밥값도 제대로 못 받으면서, 오히려 외부 필진들에게 원고료를 지급하지 못하는 것을 미안해 하고, 필진들을 모아 수시로 삼겹살 테러(원고료가 없어지면서 그 대신 필진들을 데려다가 삼겹살을 멕인다. 이른바 삼겹살 테러)를 거행하면서 딴지일보를 꾸려온 것이다."

남로당이 그의 작품이었다니 일단 여기서 놀란다. 그 조용한 양반이 욕망의 화신이었다니. 목사도 그런 판에 놀라는 건

오버다. 그는 1998년 김어준이 만든 딴지를, 김어준 아닌 누군가
로서 그 이상의 가치로 만든 주인공이었다. 그가 꾸리는 조직은
또 안정돼 있다. 기자 김창규(필명 '죽지 않는 돌고래')의 블로그평
이 말해주듯.

"총수형을 좋아한다라고 말한다면 대장이라 부르는 편집장
에겐 '뤼스펙'(Respect)이 있다. 총수의 경우, 어릴 때 동네에서 예
쁜 누나가 지나갈 때마다 아이스께끼 하라고 시키거나, 야한 비
디오를 빌려오라고 윽박지르거나, 맛있는 걸 뺏어먹는 이미지라
면 편집장은 리더의 느낌이 난다. 간단하게 말하면 옆학교 녀석
에게 진탕 맞고 들어오면 총수형은 '에이 빙신아~, 쳐 맞고 돌아
댕기노'라고 말하고 친구들이랑 빨간 비디오를 보러 갈 것 같은
느낌이라면 너부리 대장은 '바보새끼, 누가 맞고 다니랬냐'라고
말한 후, 조용히 빨간 비디오를 건넬 것 같은 느낌이다. (물론 장
르가 SM일 경우, 필독형이 옆에서 뺏어갈 것이다.) (중략)

가끔씩 볼 수 있는 대장의 상황 판단력은 '아, 대단하다'라
는 느낌이다. 딴지일보라는 기괴무쌍한 조직에 있다보면 순간적
인 판단미스로 고소를 당하거나 남산에 끌려갈 만한 일이 비일
비재한데 대장의 경우는 대개 그 선을 정확히 판단한다. 사실

법을 배우고 싶다라고 생각한 것도 대장의 영향이 크다. 딴지일보 내에서 때때로 곤란한 일이 벌어질 때, 대장에게서 '법학과 출신은 이런 상황에서 저런 판단력을 가질 수 있는 건가, 그럼 나도!' 라는 느낌이 든 것이다.

게다가 많은 사람이 있는 당구장임에도 불구하고 시원하게 방귀를 쏘아 내리는 것을 보면서(내심 탈장이 걱정되기도 하였지만) '과연! 법학과 출신은 이 정도의 기세로 방귀를 내장에서 천하(天下)로 끌어낼 수 있단 말인가! 이것이 법을 배운 사나이인가!' 라는 느낌이었다. 이 현장을 목격하고 로스쿨에 들어가 보고 싶다는 생각을 가졌다. 대장만큼이나 우주적 기상을 가진 방귀를 뽑아낼 자신은 없지만(소문에 의하면 100광년 떨어진 곳에서도 들을 수 있는 음파단위라고 한다) 사나이로 태어난 이상은 누구나 도전해 볼 만한 가치가 있다고 생각할 것이다. 아부로 들릴지도 모르지만, 그는 내가 아는 한 가장 멋진 방귀를 가진 남자다."

그와 만나 김어준을 묻는다.

1. 김어준과 딴지일보를 어떻게 아셨는지요?

2000년도 딴지일보 공채 1기를 모집할 때 고용주와 면접자로 처음 만났습니다. 이후 직원으로, 동생으로 지낸 지 대략 15년 되었습니다.

2. 김어준은 미워하는 사람이 없어 보입니다. 자기를 의도를 갖고 욕하는 사람에게조차 말입니다. 제가 잘 본 겁니까?

(김어준과) 동종의 가장 유명한 사례로는 예수나 소크라테스가 있겠습니다. 악법도 법이라며 존중했던 소크라테스, 자신을 죽인 사람들마저 용서하고자 했던 예수처럼 말이죠.

물론 김어준을 성인의 반열에 올리려는 건 아닙니다. 책임지는 걸 싫어하는 사람이 성인이 될 수는 없는 법이니까요.

아무튼 김어준을 '사람을 미워하지 않는 사람'이라는 평가보다는 애써 사람을 미워할 필요가 없다는 걸 아는 '현명한 사람' 정도로 평가하는 게 보다 정확한 것 같습니다.

3. 2번 질문은 마치 김어준을 찬양하는 듯 보였을까봐 부연해 여쭤겠습니다. 사람에게는 누구나 콤플렉스가 있습니다. 김어준은 남을 씹으면 콤플렉스가 있어 보일까봐 일부러 표현을 안 하

는 것 같습니다. 제 판단처럼 김어준은 연기하는 겁니까?

콤플렉스가 없다고 단언하는 사람을 믿을 근거는 없습니다. 본인의 선언일 뿐이니까요. 하지만 역시 2번과 마찬가지로 콤플렉스가 없는 사람이 되려는 것, 혹은 되지는 못한다 하더라도 콤플렉스 따위 갖지 않는 사람처럼 보이고 싶어하는 것 자체는 매우 바람직한 가치관, 가치관이 아니더라도 격이 있는 마케팅 포인트라 하겠습니다.

4. 김어준은 본인은 속박받기 싫어합니다. 그가 박지만 5촌 살인 사건과 관련해 재판을 열성적으로 준비한 것도 감옥 가는 것만은 면해보겠다는 취지가 있었다고 보십니까?

으하하. 무슨 이런 당연한 걸. 하지만 감옥과 속박은 별개의 문제입니다. 감옥 가는 걸 싫어하는 것은 너무도 당연한 생존 본능이고, 속박받기 싫어하는 건 본능이 아닌 가치관과 결부된 영역입니다. 앞서 언급한 책임지기 싫어하는 것과도 접점이 있다 하겠습니다. 아마도, 감옥에 감으로써 일련의 귀찮은 것들(국정원의 간섭으로 의심되는 것들, 보수언론사의 스토킹 등)을 털 수 있었다면 김어준은 그렇게 했을 겁니다.

5. 관련해서 드리는 말씀입니다. 김어준의 보안의식이 너무 강합
    니다. 도청을 걱정하고, 특정 스마트폰 문자메시지만을 선호하
    는 태도… 이건 어떤 맥락으로 봐야할까요?

    자기를 보호해야 할 시기에, 가장 안전한 방법만을 선택하
는 것은 그렇지 않은 방법을 선택하는 것보다 훨씬 현명한 자세
입니다. 분명한 건, 원래 보안의식이 강했던 건 아닙니다. 오히려
남의 시선 따위 알 바 아니라는 삶을 추구했으니까요. 하지만
어느 순간 자신이 추구했던 자유가 정치적으로 왜곡, 악용될 수
있는 상황이 온 거죠. 그뿐입니다.

6. 김어준은 딴지일보가 십수 년째 롱런하고 있다며, 이것만으로
    도 IT업계 신화라며 자찬하고 있습니다. 사용자 김어준의 이런
    입장에 대해 노동자로서 어떤 감회가 있으십니까?

    자찬만 했다면 나쁜 놈이지요. 그 신화가 가능하게끔 딴지
일보를 거쳐 간 많은 사람들이 있었고, 또 그 많은 사람들의 콘

텐츠를 응원해준 훨씬 많은 수의 독자들이 있었으니까요. 그런
면에서 자신의 행운을 자찬한 거라면 그건 인정할 만합니다.

7. 딴지일보에 경영 위기가 있었다는 것은 만인이 압니다. 그 위기
    때 김어준의 태도는 어떠했습니까? 딴지를 나갔다가 돌아온 분
    이 많은 것으로 압니다. 편집장도 그러한 경우인 걸로 알고 있
    고요. 묶어서 말씀해주신다면.

초창기 위기 때 김어준은 서툴렀습니다. 당연하죠. 처음 겪
는 위기기도 했고 어릴 때이기도 했으니. 하지만 그때가 아마 가
장 열심히 일을 할 때였을 겁니다. 해결 방법을 잘 모르니 이것
저것 다 해보는 거죠. 새벽에 나와서 새벽에 들어갈 정도로.
이후 위기와 실패의 경험이 쌓이면서 진정한 실력이 쌓였다
봅니다. 정확히는 할 필요가 없는 것들을 덜어내게 된 거죠. 애
를 써봐야 소용없는 것들. 어쩌면 이 과정에서 스스로 가장 먼
저 덜어내야 할 대상이 스트레스라는 걸 깨달았던 것일 수도 있
겠습니다.
바로 그런 점이 일부 직원들, 관계자들에게는 배신감으로
작용했을 수도 있습니다. 직원들은 월급이 밀렸으니 당연히 미

안해 해줄 걸 기대하는데, 김어준은 미안해 해봐야 어디서 돈이 생기지도 않을 뿐만 아니라 다른 일을 추진하는데 장애만 된다고 생각했을 테니까.

크. 아전인수지만 나름 실용성은 있는 아전인수인 거죠. 그 과정에서 많은 사람들이 오고 갔죠. 그 중에 제가 가장 오래 있었던 만큼 또 가장 많이 나갔다 들어왔고요. 돈 떨어지면 나가서 좀 벌다가 다시 들어온 거죠. 그게 한 세 번 정도 될 겁니다.

8. 최내현 편집장의 미디어몹 분리 당시 상황은 어땠습니까?

등을 졌다기보다 생계의 위기에 몰렸던 직원들이 자기 살 길을 찾아 새로운 사업 모델을 만든 것 뿐입니다. 딴지 재정이 어렵지 않았다면 아마 있지 않았을 일이거나, 있더라도 한참 나중에 벌어졌을 겁니다.

9. 김어준의 고집은 상당합니다. 자기가 옳다는 것에는 타협함이 없어 보입니다. 저도 경험한 일, 편집장께는 없었는지.

저와는 그런 일이 많지는 않았습니다. 아마도 의견 충돌이

적었던 점이 십오 년 이상을 같이 일하게 만든 점이기도 할 겁니다. 아무튼 타협이 없는 이유 역시 간단합니다. 자기가 옳은 사람이 되고 싶기 때문입니다. 그런데 때로 논점을 일탈하는 경우가 있는데, 옳은 사람이 되려는 게 아니라 타협함이 없는 사람이 되려고 할 때. 그러니까 본질이 아니라 본질의 증거에 집착할 때 그때는 억지를 부리죠. 하지만 본인도 알아요. 억지를 부리고 있다는 걸. 그때는 또 억지를 부리는 사람처럼 보이고 싶지 않아서 옳은 척을 하려고 하다가 더 큰 억지를 부리기도 하죠. 으하하하.

10. 황우석 박사 관련한 김어준 의견을 어떻게 생각하시는지.

본말전도의 횡설수설이었다고 봅니다.

11. 김어준은 사람에 대한 평가가 비교적 정확한 편으로 알려졌습니다. 옥은 몰라도 최소한 석은 잡아낼 수 있잖습니까? 이런 정평은 맞는 건지요?

대체로 그러합니다. 스스로를 객관화 할 수 있는 만큼 남을 보는 법이니까요. 다만 황우석 건이 걸립니다.

12. 김어준은 홍준표와 친한 것으로 알려져 있어서 지지자들을 갸
    우뚱하게 합니다. 홍준표의 어떤 특성이 김어준을 좋아하게 했
    을까요?

    장세동의 반민주적 행태를 비난하면서도 보스에 대한 의리
    는 인정해주는 것과 같은 맥락이라 하겠습니다. 김어준에게 홍
    준표는 새누리당의 일원이기도 하지만 형식적인 걸 싫어하는 비
    슷한 취향의 개인이기도 합니다.

13. 김어준의 빤스 집착(사각이냐 삼각이냐)을 어떻게 봐야할지요.

    삼각 사각은 그냥 유희로서의 형식적 집착입니다.

14. 김어준은 외제차 끄는 진보, 성북동 사는 진보, 섹시한 진보 등
    진보의 구질구질함을 그리 좋아하지 않습니다. 왜 그럴까요?

    김어준은 진보를 추구하는 게 아니라 합리를 추구합니다.

정치적으로 대체로는 진보가 합리적이어서 겹치는 것일 뿐, 김
어준을 진보로 이해하려는 건 몸에 맞지 않는 옷을 억지로 입
히는 꼴입니다.

15. 나는 꼼수다 2는 필요하다고 보십니까?

　팬으로서는 대환영입니다만, 김어준의 측근으로서는 너무
가혹한 요구일 것 같습니다. 당시에 얼마나 고생했는지, 그 이후
로도 얼마나 고통 받았는지를 봤기 때문입니다.

16. 김어준은 무성한 논거를 모아서 파격적인 가설을 만들어내는
데, 이게 나꼼수 인기의 핵심요인이라고 말하는 이들이 있습니
다. 이런 논법에 대해서는 어떤 생각을 갖고 계십니까? 누군가
는 음모론이라고 하던데….

　김어준은 본질과 관련 없는 껍데기를 단숨에 솎아낼 수 있
는 사람입니다. 그가 음모론을 펼친다면 음모론 안에 다른 음모
가 있을 가능성이 높습니다. 그걸 즐기시길 권장합니다.

김어준에 따르면 그는 '가장 딴지일보적 글쟁이'라고 했다.

그의 롱런을 기대한다.

나꼼수
탄생하다

"안녕하십니까? 총수 김어준입니다.

새로운 방송을 만들었습니다. 나꼼수.

이 방송은 이명박 대통령 가카에게 헌정하는 방송입니다.

가카가 퇴임하는 그날까지 이어집니다.

가카의 끝을 알 수 없는, 깊이를 알 수 없는 치밀하고 정교한 극강의 꼼수,

앞으로 매주 여러분 앞에 바치겠습니다."

김어준과 정봉주 그리고 나는 2011년 1월부터 거의 매주 여의도 낙원식당에서 만났다. 세 사람이 함께하는 토크쇼 구조로 새 프로그램을 구상하기 위해서였다. 기술 제작 실무를 맡다시피 한 나는 오디오 팟캐스트를 안으로 제시했다. 동영상 인터넷 방송을 원했던 정봉주는 나의 제안을 만족해하지 못했다. 정치인으로서 명망을 확대하기 위한 비주얼 노출이 절실했던 입장을 모르는 바 아니지만, 스마트폰이 보편화되는 시기에 최적화된 플랫폼이 팟캐스트라는 점, 보다 많은 접근성을 도모하려면 파일 크기가 최소화돼야 한다는 점은 보다 설득력이 있었다. 플랫폼이 핵심이 아니라고 생각한 김어준은 크게 개의치 않았다. 결국 오디오 팟캐스트 안이 채택됐다.

문제는 제작시설이었다. '김어준의 뉴욕타임스'를 녹화하는 한겨레 TV스튜디오 임차도 고민했다. 그러나 동영상에 최적화된 구조라 배제됐다. 그리고 택한 곳은 소출력라디오방송인 마포

FM. 송덕호 당시 본부장은 2시간에 10만 원인 사용료를 절반으로 줄여줬다. 업로드와 관리는 딴지일보가 맡기로 했다. 2011년 4월 27일 '나꼼수' 첫 녹음을 시작한다.

"안녕하십니까? 총수 김어준입니다. 새로운 방송을 만들었습니다. 나꼼수. 이 방송은 이명박 대통령 가카에게 헌정하는 방송입니다. 가카가 퇴임하는 그날까지 이어집니다. 가카의 끝을 알 수 없는, 깊이를 알 수 없는 치밀하고 정교한 극강의 꼼수, 앞으로 매주 여러분 앞에 바치겠습니다."

김어준은 '돈에 매이지 않는 방송'을 하겠다며 광고를 거부했다. 초창기 "광고 달라"는 언급은 했지만, 나꼼수가 뜨기 전의 일이었다. 회당 1천만 다운로드요, 그 대부분이 자발적 선택에 의해 듣는 경우이기에 기업으로서는 매우 매력적인 광고매체라 할 수 있을 텐데 말이다. 김어준은 이와 관련해 "딴지일보를 하면서 내가 후원하는 것을 봤느냐. 나는 돈을 받더라도 티셔츠 한 장 주고받았다"고 했다. 김어준은 진정성을 매개로 후원 받는 행위를 거부한다. 그 후원이 '갑질'로 돌아온다는 우려가 크다. 딴지일보 부편집장 '필독'이 2011년 11월에 나온 〈주간 조선〉에서 밝힌 내용.

"요즘 딴지일보 직원들은 '나꼼수' 광고 문의를 수없이 거절해야 한다. 김어준 총수가 광고를 거부하는 이유는 두 가지다. '나꼼수'가 상업화되면, 첫째, 광고주의 입맛을 고려해줘야 한다. 둘째, 광고주의 안전을 걱정해야 한다. 자유로운 발언 환경이 조금이나마 제한된다. 자신에게는 날것을 말할 권리가, 청취자에게는 날것을 들을 권리가 있다. 그럼 후원을 받으면 될 것 아닌가? 그것도 안 된다. 청취자의 눈치도 보기 싫기 때문이다. 김어준의 자유주의는 그 정도다. 다시 말하지만 그가 필자의 사장이라는 점이 큰 문제다."

나꼼수는 5월 중순쯤 돼서야 반향을 샀다. 밑으로부터 솟구친 인기가 급기야 폭발하게 됐다. 성공의 단초는 스마트폰이었다. 정확하게 말하자면 무선 인터넷의 완비. 김어준도 이 점이 포인트라고 말한다. 『닥치고 정치』에서 그의 언급을 보자.

"자, 보자고. 인터넷은 책상 앞에서 한시적으로 온라인이었어. 하지만 인터넷과 스마트폰의 결합으로 손바닥 위에서 24시간 온라인 상태가 유지되는 시대가 도래하는 중이야. 흔히 인터넷이 능동적인 미디어라고 착각하는데 아니야. 인터넷 홈페이지, 블로그, 게시판의 속성은 정보를 게재하고 방문자를 기다려야 하는 피동적 전파야. 그런데 여기에 SNS가 결합되면서 정보 수용자가 자발적으로 그리고 손쉽게, 이게 중요해 손쉽게, 스스로 능동적 전파자가 될 수 있는 플랫폼이 탄생하는 중이야. 이제 콘텐츠만 좋으면 콘텐츠가 스스로 성장하는, 콘텐츠가 자기 가치를 스스로 입증할 수 있는 물적 토대가 탄생하고 있는 거야. 이 본질을 간파하는 나 같은 사람에게는(웃음) 이거야말로 혁명이야. 탱크로 밀어야만 혁명이 아니야. 기득의 구조가 뒤집힐 수 있으면, 다 혁명이야."

김어준이 『닥치고 정치』에서 소개한 나꼼수의 기획의도를 최규창은 『고통의 시대, 광기를 만나다』에서 이렇게 풀이했다.

"기득권이 자신의 프레임을 설정하고 유지해나가는 가장 강력한 수단인 메시지 유통 구조의 독점을 깨기 위한 것이라고 말한다. 프레임이란 한 번 설정되면 좀처럼 바뀌지 않는 기본 전제와 같은데, 기득권자들은 언론, 방송이라는 '채널'과 그 채널이 연결되어 있는 거의 모든 구조를 오랫동안 장악해왔다. 사실 조선일보 중앙일보 동아일보와 지상파 방송 3사는 우리나라 메시지 유통 구조의 대부분이라 해도 과언이 아니다. 김어준은 이러한 구조에 저항하는 방법을 두 가지로 제시하고 실제적인 대안도 보여주고 있다. 첫째는 구조를 깨기 위하여 저항하고 부딪히는 방법이고, 나머지는 기득권이 아닌 진영의 입장을 대변하고 새로운 프레임을 창조할 수 있는 구조를 가지는 것이다.…… 김어준은 이러한 한계에서 구조를 부수는 것이 아닌 다른 프레임을 만드는 것을 대안으로 생각하고 팟캐스트를 기만으로 한 새로운 프레임 형성 작업으로 2011년 4월에 직접 나꼼수를 론칭한다."

당시 야권의 정서가 그랬다. '정권의 악행을 지켜본 국민이라면, 설령 그에게서 욕망을 투영했던 민중조차도 이명박에게 '속았다'고 각성할 것이며, 따라서 다음에는 반드시 한나라당(새누리당)을 '심판할 것'이라고. 그러나 그렇게 쉽게 풀렸다 묶였다 할 프레임이 아님을 야권이 갖은 (여당의) 악재에도 불구하고 연전연패하는 구조에서 확인할 수 있다. 김어준은 이 점을 이미 간파했던 셈이다.

나꼼수 멤버 네 사람은 김어준이 조합한 것이다. 넷의 조합을 두고 전 KBS 사장 정연주는 "절묘한 콜라보레이션(Collaboration)"이라고 나에게 사석에서 평가한 바 있다. 2012년 5월에 나온 한국언론정보학회 〈한국언론정보학보〉 58호에 실린 "'나꼼수현상'이 그려내는 문화정치의 명암: 권력 −대항적인 정치시사콘텐츠의 함의를 맥락화하기" 논문 중 일부에서도 발견할 수 있는 내용이다.

"현업의 기자로 일하고 있는 F는 연구팀이 보낸 질의서에 대한 답변 속에서 나꼼수를 끌어가는 캐릭터들이 보여주는 조합적인 특성을 다음과 같이 표현하기도 했다. '제일 핵심은 역시 김어준 총수다 시쳇말로 '물건'이라고 불릴 만한 인물인데 대중의 마음을 파고드는 탁월한 능력을 갖추었다고 본다. 어려운 정치적 사안을 쉬운 구어체로 풀어주는 능력이 뛰어나다. 또 정봉주 전 의원은 소위 '깔때기'를 통해 흥미 요소를 배가시켰다. 주진우 기자는 특유의 취재력으로 김어준이 내러티브를 풀어갈 수 있는 소스를 제공했다. PD출신인 김용민 교수는 과거의 능력을 발휘해 맛깔스러운 편집으로 이 방송이 나이브하지 않고 세련된 이미지를 입혔다. 마지막으로 기성 언론이 놓치고 있던 이

슈들을 줄기차게 지적했고 이 중 일부는 맞아 떨어지면서 대중들의 신뢰를 얻었다. 비교적 거시적인 맥락으로 접근한다면, 정당제도와 제도언론의 역기능과 문제점들이 두드러지는 상황 속에서, 나꼼수는 분노하고 좌절하는 대중들에게 카타르시스와 공감 그리고 문제의식의 전이(relay)를 가능하게 해주는 흔치 않는 이야기꾼(storyteller) 혹은 매우 흡인력 있는 입담꾼의 역할을 담당하고 있다. 즉 나꼼수가 표방, 지향하며 접근성이 용이한 형식과 관습적인 엄숙주의의 탈피, 그리고 일견 거칠고 편향적이지만 통렬한 (정치)비평과 현실 환기의 기능은, 기존의 토크쇼나 미디어 콘텐츠 영역의 시사 비평 고발 프로그램들이 제대로 제공하지 못하는 역능과 정서적인 반응을 나꼼수가 상당한 수준에서 활성화하고 있음을 의미한다.'"

주진우
이야기

"나는 내 발로 가서 눈과 귀로 확인하지 않은 것은 사실로 믿지 않는다.
자리에 앉아서 마우스 키보드 끼적여 쓰는 기사에 무슨 생명력이 있는가."

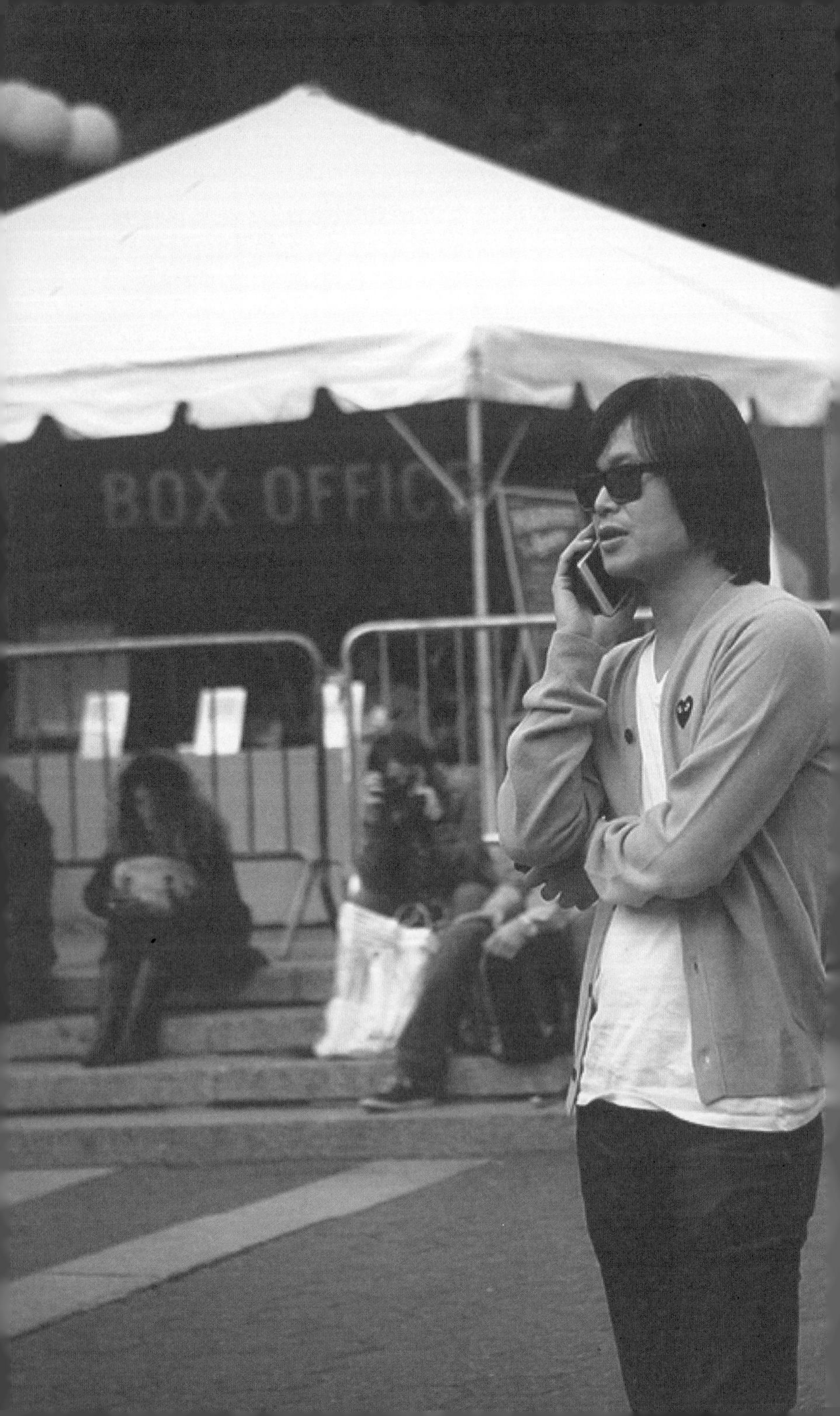
BOX OFFIC

"네, 주진웁니다. 아, 선배, 어쩐 일이에요? 밥은 먹었어요? 왜 자꾸 전화할 때마다 밥 먹었냐고 하냐고요? 밥은 먹고 살아야지. 다 먹고살자고 하는 일인데……."

거리에서 김어준의 전화를 받는 남자, 주진우. 그는 기자다. 그는 착석해 무언가를 쓰기 보다는 운동화 신고 걸으며 전화 받는 게 더 어울린다. 데카르트가 '나는 생각한다, 고로 존재한다'고 했다면, 주진우식 존재론은 '나는 걷는다, 고로 기자로 존재한다'다.

"나는 내 발로 가서 눈과 귀로 확인하지 않은 것은 사실로 믿지 않는다. 자리에 앉아서 마우스 키보드 끼적여 쓰는 기사에 무슨 생명력이 있는가."

이런 문제의식을 가진 기자 주진우가 2012년 12월 어느 날에 조폭과 전화 통화하던 것을 나는 기억한다. 옆에서 녹음을 도와줬기 때문인데, 기억을 반추해 조폭과의 대화록을 만들어 봤다.

주진우 김 선생님, 오랜만입니다.

김 선생 주진우, 오늘은 또 뭐야?

주진우 에헤, 모처럼 만났는데 인사는 받으셔야지.

김 선생 닥쳐! 보자는 거 뭐야? 또 어설픈 루머 갖고, 아무 문제없는 사람 범죄자로 만들면, 너 이 새끼, LA갈비로 만들어주겠어.

주진우 아, 말씀 참 험하게 하시네. 나는 김 선생님 사정 듣고 억울한 일이다 싶으면 무고함을 풀어드리려고 하는 거지. 그니까요. 아닌 게 사실이면 그걸 알리셔야지요. 제가 해드릴게요.

김 선생 주진우, 너한테 당한 것만 두 번이야. 오늘 또 잔대가리 굴리면 쓰리아웃인 줄 알아.

주진우 그나저나 아직도 건강하시네요.

김 선생 뭐? 아직도 건강하냐고? 이 새끼가!!!

주진우　　헤헤헤, 제가 말을 잘못했네요. 사람이 실언도 할 수
　　　　　 있지.

김 선생　　뭐?!

　　다시 거리. 주진우는 김어준의 전화를 받는다.

　　"아, 그니까 선배가 진행하는 프로그램에 게스트로 나오라
고요? 페이는? 와 보면 안다고요?"

　　2011년 6월 30일 오전 10시 30분경. 주진우가 마포FM에 들
어선다. 그런데 그가 나를 보더니 "아니, 김용민 선배는 여기 어
쩐 일이에요?"라고 묻는다. 주진우는 이때까지만 해도 나를 선
배로 알고 있었다. (언론계 입문으로 보자면 내가 1년 앞서기는 한다. 그
러나 어디 중학생인가. 연번 따지는 게 촌스러울 뿐이다.) 그는 "김어준
선배가 잠깐 여기서 만나자고 하더라고. MBC라디오 프로그램
출연 때문에 협의하자고⋯⋯."라고 답했다. 김어준은 나꼼수를
시작할 무렵인 5월 9일부터 MBC라디오 '색다른 상담소'(월~금 오
후 9:35~10:00)를 진행하고 있었다. 나는 "아니, 색다른 상담소에
형을 섭외했나 보죠? 오늘 나꼼수에도 나오시고⋯⋯."라고 반응

했다. 주진우는 놀란 눈치였다. '나꼼수 출연'은 처음 듣는 말이었다는, 아니 나꼼수 자체가 금시초문이었다는. 김어준은 이보다 앞서 나에게 "청계재단 관련해서 주진우가 깊게 취재했다. 불러 이야기를 들어보자"고 했다.

그 이전까지 나에게 각인된 주진우는 여야 좌우를 떠나 '권력 특히 검찰에게 부당하게 탄압받는 자라면 누구나 우군이 되는' 기자였다. 1999년 시사주간지 〈시사저널〉 기자로 언론계에 발을 딛고는 (지금은 종간된) 스포츠일간지 굿데이에 잠시 재직했다. 탐사전문기자로 알려졌지만 스포츠 특히 축구분야의 독보적인 전문성을 지니고 있다. (2012년 2월경 일주일여 합숙할 일이 있었는데 매일 밤 해외 프로축구 경기 관람으로 밤을 지새우던 모습을 보였다.) 그러다가 삼성 비판 기사를 발행인 차원에서 누락한 사건을 계기로 발발한 2007년 시사저널 파업에 동참했으며, 〈시사IN〉 창설멤버로서 오늘에 이른다. 2010년에는 평소 알고 지내던 김어준으로부터 전 대통령 노무현 서거 1주기 다큐멘터리를 같이 만들자는 제안을 받는다. '식코', '화씨911' 등 마이클 무어식 콘셉트까지는 그런대로 협의됐는데 자금 등 동력 부재로 흐지부지됐다. 김어준에게서 '언젠가 함께 할 상비군'으로 인식된 것도 이 무렵이다.

김어준은 2013년 10월 23일 밤늦게까지 진행된 박지만 5촌 피살 사건 보도 관련 재판에서 이런 최후 진술을 한다.

"나꼼수를 만든 이유는 내가 하고 싶은 이야기를 아무도 하지 않았기 때문입니다. 처음에는 세 명이 조그만 골방에서 첫 방(送)을 2만원 주고 녹음하고 5천 원짜리 밥을 먹었습니다. 그러면서 생각했습니다. 기자의 팩트가 필요하다고. 그리고 주진우 기자가 바로 생각났습니다. 그 이유는 삼성을 비판하는 기사를 쓰려다가 소속된 회사가 공중분해 됩니다. 일 년여의 파업 끝에 국민들의 도움으로 새로운 회사를 만들어버립니다. 그게 시사IN입니다. 그리고 제일 큰 교회의 비리 기사를 써서 그 교회교인들 수백 명이 몰려와 사탄이라고 항의하는 소리를 듣기도 하고. 노건평사건 비평 기사를 써서 진보진영의 비판을 받기도 했습니다. 재벌, 권력, 종교, 이런 곳에 대한 기사를 쓰는 배포가 있는 기자가 필요하다 생각했습니다."

주진우가 합류하자 정봉주는 처음에는 불편해 했다. 방송 중 너스레를 섞어 "아니, 김 총수, 주진모를 부르면 어떻게 해? 본격 시사 비평 프로그램의 의미가 퇴색하잖아. 그런데 주진모가 왜 이렇게 생겼지?"라고 하더니, "어쨌든 이 친구가 나와서 내 멘트 시간이 줄어들잖아. 이 프로그램은 나를 중심으로 엮여야 빛이 난다고. (주진우에게) 당신이 기자라면 위대한 정치인인 나를 취재해야 한다"고 했다. 그러자 주진우는 "내 취재대상이 되면 당신은 죽어"라며 맞받아치면서 정치권력 자본가 조폭 종교인 등 건드리기 쉽지 않은 상대를 차례로 눕혀 보낸 '간 큰 기자'의 포스를 발산했다. 첫 회부터 주진우는 이렇게 자력으로 정착했다.

주진우의 합류 배경은 이러하다. 민주사회를위한변호사모임이 2012년 4월 3일 발행한 인터넷 뉴스레터 '민변의 인터뷰-주 기자가 걸어온 길, 그리고 걸어가야 할 길'에서 밝힌 내용이다.

"나의 판단기준은 '이 길이 옳은가, 멋있는가'이다. 어렸을 때, 옆에 있던 친구가 옆 학교 1년 선배와 시비가 붙었다. 그 바람에 그 친구가 옆 학교 선배들에게 끌려가게 되었다. 혼자 보내기는 좀 그렇기에 내가 따라갔다. 거기서 대드는 바람에 정작 끌려간 친구는 별로 맞지 않고 나만 많이 맞았다. 머 잘한 것 같진 않은데, 쪽팔리진 않는다. 내 기억은 그때의 17살에 멈춰있다. 재판에서 지거나 싸움에서 지거나, 지고 결국 갈 데 없는 사람이

답답해서 나에게 오는 사람이 많다. 그 사람들 이야기 들어주는 것이 내 직업이다. 제 정서법, 양심에서 제가 보는 기준을 넘어서면 저는 무조건 약자편이다. 도와 줄 방법이 없으면 욕이라도 해준다. 나꼼수 방송의 시작도 원치 않던 길이다. 나꼼수를 시작하면서 먼저 방송을 하던 멤버들을 보니 그 사람들 끝이 보였다. 그 끝에 감옥도 보이고. 이명박 시대에는 가만히 있어도 잡아간다. 미네르바, PD수첩, 소시민들도 잡아가는데, 대놓고 욕하고 난리치는 사람들이야 당연히 끌려가지. 말뿐인 끈 떨어진 정치인, 총수라고는 하지만 사원 총 2명, 15년간 야인으로 산 사람, 의롭지만 끝이 보였다. 하지만 인기와 명예가 있었다면 따라 나서지 않았을 것이다. 저 사람들 끌려갈 것 같아서. 따라가서 같이 맞자는 심정으로 함께 하게 되었다. 많이 대들어봤기 때문에 노하우가 있다. 같이 끌려가서 맞아야지 하는 심정으로. 내 기준은 그것이었다.”

진중권,
김어준을
평하다

"논리? 논리가 정말 중요한가!
논리가 모든 것에 우선인 세상이라면 이명박은 왜 대통령이 돼야 하는데?
진보의 문제점이 뭔지 알아? 다른 거 필요 없어.
자기가 옳다는 것이 확인되면 그게 최고야.
지구가 멸망해도 자기의 주장이 맞으면 그게 최고인 거야.
그게 뭐가 그렇게 중요한데?"

나꼼수는 딴지일보에서조차 "이런 팟캐스트 프로그램이 있으니 들어 보십시오"라고 홍보하지 않았다. 소수의 마니아층으로부터 번지기 시작했다. 그러다가 한국 또 전 세계 팟캐스트 1위로 올라섰다. 그러나 순위만으로 설명할 수 없는 것이 있다. 정치적 파급력이었다. 이것이 진보논객 및 기성언론과의 첫 충돌지점이었다.

2011년 8월 31일에 올라온 나꼼수 17회는 서울시교육감 곽노현에 대한 '사후매수' 관련 검찰 수사를 다뤘다. 진보 교육감으로 2010년 6·10 지방선거에서 승리한 곽노현은 공직선거법 제232조 1호 2항의 이른바 '사후매수죄'로 구속된다. 곽노현은 진보 교육감 후보로 경쟁하다가 사퇴한 예비후보 박명기에게 선거 승리 후 2억 원을 줬다. 박명기가 후보 사퇴로 인해 극심해진 빈곤 문제 때문에 빚 압박에 자살할지 모른다는 우려가 있었다며 선의로 돈을 지급했다고 주장한 것이다. 하지만 법원은 그것은 사퇴의 대가로 지급한 것이므로 설사 양자 간에 사전 합의가 없었다 하더라도 죄가 성립한다고 판결을 내렸다. 성공회대 교수 김동춘 표현대로 전 세계에서 오직 일본과 한국에만 있고, 그것도 제정된 뒤 한 번도 적용된 적 없는 '사후 매수죄'로 곽노현은 직을 박탈당했다.

'곽노현 10·26 사건' 편에서 김어준은 곽노현에 대한 검찰 수사가 착수되자마자 (특정하지는 않았지만) 비난에 가세한 동양대 교수 진중권 씨 등에게 "진보로 진보를 죽여서 10월 26일 서울시장 재보선과 내년 총선, 대선에서 유리한 국면을 만들려는 꼼수에 말려든 것"이라고 질타했다. "경솔한 돌팔매로 진실했던 대통령을 처연하게 떠나보낸 후 아프게 울어야 했던 과거를 잊지 말라"고도 일침을 놓았다.

그러자 이를 들은 진중권 씨가 트위터를 통해 반격했다. 김어준의 아픈 구석이라고 생각했던지 '황우석'을 등장시킨다.

"나꼼수 17회 청취평: 닭장 속에서 닭들이 부흥회 하는 분위기. 닭들의 컨디션은 좋아 보입니다. 덕분에 잠시나마 유쾌했습니다. 딴지 김어준이 제일 웃기더군요. 이 친구, 황우석 때도 비슷한 부흥회 했었지요. 아마? 그 동네에선 노무현=곽노현으로 입장 정리가 된 모양이죠? 그러다가 곽노현이 유죄판결이라도 받으면, 노무현 대통령도 유죄로 입증되는 건가요?"

타깃은 김어준이었다. 진중권의 트위터는 계속 이어진다.

"시사평론이니 정세분석이니, 야매로 하는 거 말고 정품 쓰세요. 야매는 언뜻 보기엔 괜찮아 보여도 심각한 부작용이 따르기 마련입니다. 내가 써보니 이 분 게품질이 좋더라고요. 칸트가 했던 말이지요. '네 의지의 준칙이 항상 동시에 보편적 입법으로서 타당할 수 있도록 행위하라.' 판단이 헷갈릴 때는 이 말을 생각하세요. 즉 지금 내가 이 사안에 들이대는 나의 사적 기준이 남들에게도 보편성을 갖고 있는가 말입니다. '판결이 내려질 때까지 판단을 유보해야 한다.' 이것도 하나의 훌륭한 원칙이죠. 다만, 이렇게 물어 보세요. '과거에 한나라당 애들이 사고 쳤을 때도 나는 법원의 판결이 날 때까지 비난을 자제했던가?' 그리고 '앞으로 한나라당 애들이 사고 쳐도 법원의 판결이 내려질 때까지 비판을 자제할 준비가 되어 있는가?' 이 두 질문에 'yes'라 대답한다면, 그 준칙은 보편성을 띤 것이고, 'no'라면 보편성이 없는 거죠. 야매랄까······? 이 참에 '나꼼수'를 '나는 야매다'

로 바꾸는 겁니다. 꼼수나 야매나……."

진중권은 기본적으로 김어준을 대중에게 환심을 사는 선동
가로 인식하는 경향이 있었다. 선동가가 논객이 될 수 없다는 점
에서 '야매'라는 말이 나왔을 테고. 그의 '논리'를 읽을 수 있는
대목이 2008년 〈한겨레21〉 인터뷰특강 '배신: 21세기를 사는 지
혜'에 있다.

"엘리아스 카네티의 『군중과 권력』을 보면, 저자가 군중에
대해 양가감정을 갖고 있습니다. 때로 군중의 힘에 매혹되고, 또
한편으로는 군중이 갖고 있는 폭력성에 두려움을 느끼는 두 가
지 감정이 결합돼 있습니다. 저 역시 이런 양가적인 감정을 가지
고 있었거든요."

그러면서 진중권은 1987년 6월 항쟁 당시 군중과 2002년
월드컵 당시 거리응원 열기를 거론한다. 하지만 "카네티는 노동
자들이 행진하는 것을 보면서 황홀경을 느꼈다고 했거든요. '저
들이 우리를 구원할 것이다'라는 사회주의 사상이 팽배해 있을
때니까요. 그런데 한편으로는 또 다른 행진이 벌어지는 겁니다.

소위 '나치들의 행진'이지요. 그는 군인들이 행진하고, 나치 돌격대들이 행진하고, 전 국민이 유니폼을 입고 '하일'을 외치는 모습 속에서 군중의 폭력성에 대한 공포감을 느꼈다고 하죠. 그런데 이게 바로 제가 군중에 대해서 갖는 두 개의 양가감정인 것 같아요."

그러나 진중권이 그 군중을 배신해야 할 대상으로 여기게 된 계기가 있었다. 본인 표현에 의하면 '황우석 사태'였다. 황우석을 신앙의 대상으로 삼는데 친노와 친박이 따로 없는 세태에 그는 절망했다.

"제가 '황우석 사태' 이후 정치적 발언을 일체 접었던 것도 '아, 이런 상황에 희망이 있는가' 하는 생각이 들어서였습니다. '이 사회에서 저런 사람들을 가지고 진보를 하고 개혁을 한다는 게 희망이 있는가, 내가 떠드는 게 무슨 의미가 있는가' 회의가 들었습니다.…… 대중은 배반해야 하는 대상입니다. 저는 늘 같은 이야기를 해요. 먹물들은 일관성을 가져야 하거든요. 어떤 이야기를 했을 때 대중이 환호해요. 그런데 같은 이야기를 맥락만 바꿔줘도 막 반대합니다. 많은 경우에는 조삼모사 같아요. '와!

우리 편이다!' 하고 좋아하던 사람들이 같은 이야기를 듣고 '저
놈이 또 우리를 배신했어!'라면서 욕하죠. 어떤 때는 다시 막 좋
아해요. '지난 번 일은 용서해줄게' 그리고 다시 '저 놈은 역시
믿을 수 없는 놈, 배신자'라고 욕하는 거예요. 댓글이 올라오는
걸 보면, '같은 편일 때는 그렇게 든든할 수가 없는데, 다른 편이
되면 등골이 오싹해'라는 반응이 많죠. 저는 이런 의미의 배신
은 늘 해야 한다고 생각합니다."

그런데 진중권의 이런 논리는 또 한편 '엘리트 독선주의'의
논란을 낳고 있다. 이렇게 요약된다.

'내가 대중의 도구냐? 무식한 너희로서는 도저히 표현할 수
없는 논설을 어쩌다 내가 대신할 때면 열광하고, 만약 내가 너
희의 뜻에 반하는 입장에 서면 욕설로 반응하고……. 왜 똑똑한
내가 무지한 너희에게 휘둘려야 하는데? 나는 일관성과 논리성
을 가진 논객일 뿐이야. 반응하는 건 자유인데, 이래라 저래라 하
지마.'

일견 지식인의 줏대로 볼 수 있겠다. 이는 황우석으로 김어

준을 비판할 때에 여지없이 등장하는 프레임이다. 이에 대한 김 어준의 반응은 19대 총선 직후인 2012년 4월 28일자 한겨레 토 요판 인터뷰에서 발견할 수 있다.

"진보 진영에는 자신의 논리가 옳음, 여기에 도덕성을 강조 하는 건 잘하는 사람이 많은데, 보수는 사람들이 민감하게 받 아들이고 혐오하는 것이 무엇인지, 또 그걸 통해 자기편을 자극 하고 상대편을 주저앉히는 방법을 잘 안다. 곽노현 교육감이 저 들의 공격을 받아 사퇴했다면, 박원순 시장 지지층은 정서적으 로 무너졌다. 감정적 저지선이나 전선이 만들어지지 않는 것이다."

곽노현 수사 국면으로 돌아가 김어준의 이 말을 짚어야 한다.

"비겁하기 때문에 진보는 보수언론, 수구세력의 공격이 있기 도 전에 쫄아서, 겁먹고 먼저 끊어내고 진보가 보수보다 더 매섭 게 몰아 부친다고. 그 방식으로 꼬박 진보가 보수에게 졌으니까 이번만은 곽노현 재판 때까지 일단 기다리자."

다시 2012년 4월 한겨레 토요판 인터뷰에서의 발언을 보자.

"진보논객은 이 모든 것보다 자신의 논리적 정합성이 더 중요하다, 그 사람들 말은 이런 것 아닌가. '나는 언제나 옳은 주장을 한다', 이런 사실을 더 중요하게 여기는 사람들이 있는데 나는 그게 뭐가 중요하냐는 거다. '나는 옳은 말을 하는 사람입니다' 이게 그렇게 중요한가. 나는 그게 별로 안 중요하다고 생각한다."

훗날 곽노현은 교육감 직을 상실했다. 대법원이 하급심의 직박탈을 전제한 유죄 판결을 여지없이 인용했기 때문이었다. 진중권의 당시 트위터.

"안타깝지만 곽 교육감은 지난해 검찰 수사가 시작됐을 당시 사퇴했어야 한다는 당시 (내) 주장이 옳았음이 다시 한 번 확인됐다. 개인적 억울함은 사적 소송으로 해결하는 것이 당연하지만 곽 교육감이 지난해 교육개혁이라는 공적 문제를 개인의 문제와 링크한 것은 잘못이라는 생각은 지금도 변함이 없다."

이어 진중권은 당시 일부 진보진영 인사들이 곽 교육감 사퇴불가론을 제시했던 것에 대해 코멘트 했다.

"사적으로는 인지상정 상 당연히 그럴 수 있지만 공과 사는 분리했어야 한다. 문제가 터지면 빨리 정리했어야 하는데 늦어지는 바람에 서울시교육감 선거가 대통령 선거와 맞물려 대선 국면에서 좋지 않은 영향을 줄 것으로 우려된다.…… (진보진영 차기 교육감) 후보는 정말로 괜찮은 사람이 나와야 한다."

'당대 논객' 진중권의 김어준 비난, 그 맥락은 무엇인가. 네티즌의 일설처럼 '나꼼수로 뜬 것에 대한 시기 질투'인가. 집중 포화의 포연이 채 가시기도 전인 2012년 1월 21일 한 네티즌이 트위터에다 진중권을 향해 "나꼼수와 김어준은 어떤 말도 안하는데 혼자 날뛴다는 생각 좀 하시길"이라고 말했다. 그러자 진중권은 "김어준은 너희랑 달라. 나한테 덤벼야 이길 수도 없고, 좋을 것도 없다는 것쯤은 알지. 생각 좀 하고 살아라"라는 답글을 게재했다. 추후 다른 인터뷰에서는 김어준을 지목하며 "리버럴과 우익마초의 측면이 공존한다"면서 "나꼼수와 극성팬은 스스로 자멸의 길을 택했다"고 극언까지 했다. 이에 대한 김어준의 반응에는 누군가가 특정되지 않는다.

"논리? 논리가 정말 중요한가! 논리가 모든 것에 우선인 세상이라면 이명박은 왜 대통령이 돼야 하는데? 진보의 문제점이 뭔지 알아? 다른 거 필요 없어. 자기가 옳다는 것이 확인되면 그게 최고야. 지구가 멸망해도 자기의 주장이 맞으면 그게 최고인 거야. 그게 뭐가 그렇게 중요한데?"

진보논객을 향한 비판은 『닥치고 정치』에도 이어진다.

"현재 진보가 집권하는데 가장 큰 걸림돌 중 하나가 뭐냐. 메시지 유통 구조를 보수에 의해 장악 당했다는 거야. 메시지 유통 구조는 절대적으로 중요해. 그 유통 채널을 타고 프레임이 유포되거든. 머릿속에 한 번 세팅된 프레임의 힘은 대단히 강력한 거야. 아무리 정교한 논리도 그 프레임 안에서 노는 한, 절대 기득의 구조를 이길 수가 없다. 그 프레임 안에서 노는 진보는, 거기 등장하는 허접한 미시 논리를 깨는 데서 얻는 지적 쾌감에 도취되기 십상이지. 그런 후 자기가 엄청나게 똑똑한 일을 했다 생각하며 뿌듯하게 잠자리에 들지.(웃음) 하지만 아침에 일어나면 똑같은 세상이야.(웃음) 그건 역설적으로 그 프레임을 강화시킨다. 주어진 세상에서 아무리 잘 놀아 봐야 결국 그 세상 안이다. 프레임 그 자체를 깨야 해."

박원순,
서울시장에
당선되다

"지금 한국에 김어준의 감각을 따라갈 사람은 없고,

그만큼 종합적이며 기민하게 판단할 수 있는 사람도 없다.

그래서 한편으로 우리가 만나게 될 세상은 '시민의 시대'이기도 하지만,

동시에 '김어준의 시대'이기도 하다."

2011년 10월 26일. 서울은 '수복'됐다. 2002년 6월 지방선거에서 한나라당 소속 이명박에게 넘어간 이후로 근 10년 동안 창의와 활력의 서울은, 관료와 탐욕의 도시로 탈바꿈됐다. 계기는 허망했다. 2010년 6·4지방선거에서 상대 후보를 '간신히 이긴' 오세훈의 오판이었다. 서울시의회 의석의 3분의 2를 민주당이 차지한 구조는, 2006년 지방선거에서 4석만 빼고 자기 당(한나라당)이 나머지 115석을 챙겼던 그때와 상전벽해(桑田碧海)를 이뤘다.

사사건건 다수당인 민주당 의원들과 다투던 오세훈은 끝내 야당의 핵심공약인 무상급식을 놓고 일대 도박을 한다. 108억 원을 들여 주민투표를 시도했던 것. 평일 33.3%의 투표율이 있어야 투표함을 까볼 수 있다는 구조였고, 이 투표 자체에 대한 냉소 기류가 뚜렷했다. 하지만 오세훈은 모든 것을 걸고 밀어붙였다.

국정을 수익모델로 삼은 이명박의 꼼수를 짚어내던 김어준은 이때도 현실 정치에 개입한다. 당시 김어준은 '오세훈의 속내'를 이렇게 분석했다.

"진보언론에서 '오 시장이 몽니를 부리고 있다, 예상낭비다' 말이 많은데 내가 보기엔 이건 서울시장을 관두려고 하는 거죠.…… '보수적 가치를 위해 싸우다 장렬히 산화한 제스처'를 취할 거란 말이죠.…… 만약 자기가 대통령 출마하겠다고 시장직 사퇴한다, 보기가 안 좋아. 그런데 '내가 이렇게 보수적 가치를 위해 시장 직까지 내 던진 사람이다' 이러면 보수층 결집과 함께 대통령으로 갈 수 있는 길이 뚫린다, 그렇게 본거죠."

야유조로 김어준은 '오세훈 시장을 진짜 수렁으로 빠트리는 길'을 제시한다.

"오 시장에게 책임져라, 투표하지 마라 하는 것은 순교자로 만들어주는 길이고…… '실패해도 끝까지 시장직 유지하는 거다' 퇴로를 차단하는 거죠. 실패해도 그만두지 말고 남은 임기동안 열심히 그걸 만회하라. 못 그만두게 만들어야 해요."

오세훈의 꼼수는 '대선 출마'라고 결론 난다. 정봉주도 거들었다.

정봉주　오세훈 시장은 멋지게 지는 장면을 연출해서 차기 대선을 노릴 것이다.

김어준　이 사건을 두고 오세훈 시장을 정확하게 진단해주는 매체가 없어요. 그래서 이걸 두고 '아, 오세훈 시장이 위기에 처했구나' 하는 사람들이 있을 텐데 아니란 거죠. 서울시의회와 각 세우고 갈등을 연출하는 것도 다 일부러 그러는 거다. 실패의 길로 갈 것이 뻔하고 실패를 알면서도 이것을 추진하는 것은 대권출마를 위한 꼼수다!

8월 4일 제작된 나꼼수 13회의 일부분이다. 일주일 뒤 올라온 14회 방송분을 들어본다. 상황은 오세훈이 끝내 주민투표를 걸었다. 희색이 완연한 나꼼수 출연진의 대화 내용이다.

김어준　제가 오세훈 시장 전문가로서 말하자면 자기 꾀에 자기가 빠진 거예요. 순교자가 되려고 했는데 우리가 끊

임없이 그걸 밝혀냈잖아요. 그래서 십자가에 올라가지
못하고 서울시장을 계속하게 된 거에요. 빅엿을 드신
거예요!

정봉주   셀프 빅엿! ······.

김어준   지금 핑계를 열심히 고민하고 있을 거야. 순교할 핑계
를······.

김용민   오늘 동아일보를 보니 그 쪽의 선거 전략을 다 공개했
더군요. 오전에 보수층을 결집시키고 투표율을 올린
뒤 오후에 마구 위기감을 조성해서 진보층으로 하여
금 투표하게 만드는 거죠. 그래서 33.3%를 만들어서
올린다는 겁니다.

김어준   아무튼 오세훈 시장은 지금 혼자 대롱대롱 매달려 있
어요. 최후의 상황. 꼼수를 쓰다가 자기 꾀에 자기가 넘
어갔어요.

　　놀라운 상황이 발생한다. 이 녹음분이 올라가고 이튿날인
8월 12일, 오세훈은 대선 불출마 선언을 한다. 이걸 놓칠 수 없
는 나꼼수. 8월 18일 15회 방송분에서 짚었다.

김어준　자기(오세훈) 머릿속에는 무상급식과 대선이 연결되어 있었는데 나꼼수를 통해서 폭로됐다고 스스로 생각한 겁니다. 그러니까 대선 불출마는 자기 입장에선 매우 큰 것을 내놓은 제스처예요. 지금 태도는 무슨 대선후보 여론조사 1위라도 하는 사람의 태도 같아요. 완전히 나꼼수에 당한 거지요. 일단 이번 투표(개표) 못하는 건 확실하구요.…… 이미 오세훈 시장이 대선 불출마 선언한 건 서울시장은 끝까지 하겠다는 뜻이야. 서울시장까지 내던져봐, 몇 년이 백수야.

정봉주　백수가 아니라 정치 생명 끝나는 거죠.…….

김어준　아니 나꼼수를 듣고 있으면 우리한테 전화를 해야지 왜 혼자 불출마 선언을 하는 거야!…….

그리고 여기서 김어준의 충격적 레토릭이 나온다.

"만약 그렇게 자기 시장직을 건다면! 저는, 개인적으로 친구 먹자고 할 겁니다. 저는 그런 사람 좋아해요. 그리고 나꼼수에 영입해요! 저 이런 거 예상 거의 안 틀려요. 못 믿겠으면 제가 다음 주 나는 가수다 예상 해볼까요? 다음 주 나가수 인순이가

1위 합니다! 오세훈 시장 이야기는 여기서 더 이상 하지 않겠습니다."

　놀라운 일이 발생했다. 나가수 다음 방송분 즉 2011년 8월 21일 순서에서 인순이가 실제로 1위를 했다. 또 오세훈은 주민투표 부결 시 시장직을 사퇴하겠다고 밝혔다. 8월 21일 나꼼수는 첫 '호외'를 발사한다. 김어준은 "자꾸 우리 방송을 듣고 뭔가를 발표하면 되겠는가. 완전 우리에게 말렸다. 꼼수를 둔 게 악수였고 곧 자충수가 됐다"고 약 올렸다. 정봉주는 "부결 즉 투표함 개함 후 부결로 나올 경우에만 시장직 사퇴를 하는 건 비겁하다. 개함 요건이 되지 못하는 33.3% 미만일 경우에도 사퇴해야 한다. 만약 사퇴는 약속하고 차일피일 미루는 것도 안 된다"며 한술 더 떴다. 또 경악할 일이 벌어졌다. 8월 24일 오세훈은 무상급식 투표율이 개표선에 미달할 경우 사퇴하겠다는 입장을 밝혔다. 정말 나꼼수를 들었던 것일까.

　결국 8월 26일 주민투표 당일 최종 투표율 25.7%를 기록하여 투표함은 개봉하지 않고 파기됐다. 오세훈은 약속대로 사퇴했다. 물론 오세훈이 나꼼수를 듣고 거듭된 악수를 뒀다는 증거는 없다. 그러나 대중은 오세훈 사퇴에 나꼼수의 여론몰이가 자리했다고 믿었다. 그리고 이어진 2011년 10월 26일 서울시장 재보선. 나꼼수는 그 여세를 몰아갔다.

당시 희망제작소 상임이사 박원순이 서울시장 재보선출마를 결행한다. 애초에 출마 의지를 밝힌 서울대 교수 안철수는 박원순에게 양보했다. 둘 다 당적이 없었으니 무소속 사이에 타협이었다. 그런데 문제는 제1야당인 민주당에서 박영선을 후보로 결정했다. 바람을 타던 나꼼수는 두 사람을 불러 이른바 '아바타 토론회'를 개최했다. 아바타 토론회란 두 후보가 가만히 있는 가운데 아바타들이 대신 토론하는 거다. 김어준 주진우는 박원순 편, 정봉주 김용민이 박영선 편을 먹었다. 정봉주는 일찌감치 난색을 표했다. "총수는 민주당을 공격하는 위치 아니야? 그러면 우리는 수비를 해야 하고. 총수는 틀림없이 국민경선에서 민주당이 당원을 버스로 동원해서 투표한다고 비난할 거잖아. 맞지?" 그러자 김어준은 수긍했다. 정봉주가 곧바로 맞선다. "아니, 그러면 우리는 박원순을 비판해야 하는데 박원순 비판할 거리가 뭐가 있어? 왜 탈모 현상이 가속화되고 있느냐, 그걸로 씹을 수는 없잖아?" 김어준의 논리는 간단했다. "반박 논리를 만드시면 될 거 아니에요?"

정봉주의 예상이 적중했다. 명랑한 기획의도와는 달리 3시간이 넘게 진행된 토론회는 갈수록 심각해졌다. 김어준은 면전 앞 박영선에 대한 예기는 감춘 채 시종일관 민주당을 공격했다.

박영선   집권세력이 제일 무서워하는 것은 야권이 단일화되는
         것 이걸 제일 무서워합니다. 그래서 실질적으로 단일화
         를 깨기 위해서 여러 가지 이런저런 꼼수를 피우고 있
         는 것도 사실이고요. 꼼수는 거기에 있는 건데……

김어준   그런데 민주당은 이런 꼼수를 부리면 안 된다.

박영선   그렇게 자꾸 민주당을 미워하지 마세요. 제가 말씀을
         들어보니까 화살이 가슴에 꽂히는 것 같아서요. 너무
         뭐라 그럴까 민주당이 그렇게 약삭빠르고 그러지 않습
         니다. 그러니까 국회의원 80명이 지난 3~4년 동안 정
         말 그……

김어준   (민주당 국회의원이) 80명이나 돼요? (비웃음)

박영선   80명이 국회의사당에서……

김어준   보이지를 않아, 그런데……

박영선   의사당에서 침구 갖다 놓고 저희가 그렇게 집에도 못
         가고 싸우며 지금 여기까지 버티고 왔는데 그런 부분
         에 대해서는 전혀 아무 것도 없었던 것처럼……

정봉주   (썰렁한 너스레) 이 두 분 눈에는 국회의원 중에 저 밖에

        없는 줄 알아…….

박영선   (김어준에게 다소 격앙) 그렇게 말씀하시면 그거는 지금

        우리가 존재가치도 없고 그럼 저도…….

정봉주   그 얘기는 3부에서 계속 하시죠.

김어준   민주당이 고생했다? 모든 정당이 다 고생해요. 고생한

        얘기는 하지 말고. 제가 보기엔 민주당에게 이번에 필

        요한 게 출마가 아니라 불출마 선언이었다고 봐요. 만

        약 그랬다면 제가 보기엔 민주당 지지율 확 올라갔어

        요. 지금 이게 민주당 내에서는 안 보인다는 거죠. 그

        기회를 놓쳤으니까…….

정봉주   (말림) 총수님!

김어준   이 경선만이라도 깔끔하게 잘 해야 되는데……. 이 경

        선에 속속들이 녹아있는 그 민주당의 조직논리가 너

        무 안타깝다는 거지. 그걸 사람들이 만약에……. 아, 그

        만하죠.

정봉주   (또 너스레) 불출마선언은 저 혼자로 족해요. 왜 이 사

        람 저 사람 다 불출마하라고 해요?

김어준   민주당을 무시하는 게 아니에요. 이게 민주당이 사

는 길이라는 겁니다. 사람들이 뭘 원하는지 봐야 되는
데······.

정봉주 토론 끝!

주진우 저기 제가 보기에는

정봉주 끊고요.

박영선 (극히 격앙됨) 제가 저에게 오늘 나오라고 하는 이유가
(불출마하는) 이 얘기를 하시려고······.

김어준 아니죠. 이제는 그러기에는 너무 늦었지요.

　　이 부분에서 녹음은 스톱된다. 그런데 녹음되지 않은 부분
은 이랬다. 박영선과 김어준의 대화.

박영선 (분노) 보좌관, 전화 좀 줘 봐요. 여보세요, 저예요. 오늘
이 토론회. 아주 문제가 많아요. 편파적인 것은 말할
것도 없고, 한마디로 말해서 나 그만두라고 여기 나오
라고 한 거야. 어떻게······.

김어준 (분노) 의원님! 의원님! 비겁하십니다!

박영선 (분노) 아니오! 이건요! 언페어(Unfair) 한 거예요!

김어준 (분노) 의원님! 의원님, 진짜 나빠요!

당시 현장에 박원순 박영선 그리고 나꼼수 네 사람 외에 한 사람이 더 있었다. 바로 엔지니어 국윤성. 그가 쓴 책 『나꼼수 Off the record』에 나온 부분.

"전혀 예상치도 못한 전개. 정(봉주) 의원도 주(진우) 기자도 김(용민) 교수도 심지어는 박원순 후보조차도 어쩔 줄 몰라서 당황하며 숨죽이고 있다. 그래도 어디 나만 할까. 죽을 맛이다. 진짜. '아, 진짜 이 사람들 왜 남의 녹음실 와서 싸우고 난리야…….' 결국 급하게 뛰어 들어온 민주당 쪽 사람과 박영선 의원, 그녀를 다독여주는 박원순 후보 이렇게 세 사람의 퇴장으로 급한 불은 꺼졌다. 끝난 건가 싶어 조용히 고개를 들어 주변을 살피는데 아무렇게 흐트러진 머리를 쓸어 넘기던 김(어준) 총수와 눈이 마주친다. 조금 전까지의 권투선수 같은 모습은 온데간데없이 장난기 가득한 웃음을 얼굴 가득 지어 보인다. '하하하역사의 현장에 계셨네?'"

끝나긴. 그날 밤, 편집을 담당하던 나의 전화에는 불이 났다. 약속이나 한 듯 김어준 정봉주 두 사람 번호가 교대로 내 전화기에 떴다. 민주당 서울노원갑당원협의회 위원장이기도 한 정봉주.

"김 교수, 나야. 그거(녹음한 방송을) 내면 안 돼. 꼭 내야 한다면…… 내가 나꼼수를 그만둘 수밖에 없어."

나가봐야 박영선에게 아무 도움이 안 될 거라고 판단한 당의 압박을 심하게 받은 터다. 민주당 서울시장 후보 박영선과 격전을 치른 김어준의 전화도 이어진다.

"설전 붙은 부분부터는 빼자. 하지만 그 이전에 나온 거는 뺄 게 없어."

김어준은 당당했다. 결국 나의 선택. 두 가지 버전을 만드는 것이었다. 민주당을 심하게 공격한 부분을 뺀 버전과, 가급적 편집을 안 한 버전. 정봉주는 둘 다 안 된다고 했다. 녹음된 방송분 자체를 파기해야 한다는 입장이었다. 나는 김어준의 민주당 공격 부분을 대부분 편집한 버전도 만들었다. 그리고 김어준 총수에게 보내며 메시지를 보낸다.

"할 일 다 했습니다. 알아서 하십시오."

박영선은 방송기자 출신이었다. 아무리 인터넷 매체라도 방송토론이라면 공정해야 한다고 믿었다. 박영선은 발언 시간을 초단위로 세는, 그리고 형식과 내용까지 정밀하게 관리하는 방송토론의 형식을 기대했을 것이다. 그러나 여기는 김어준이 진행하는 팟캐스트다. 그가 생각했던 것과 김어준 식은 달랐다. 박영선과 박원순의 직접 토론이었다면, 입담이 센 박영선의 위세에, 그보다는 약한 박원순이 눌렸을 거라 판단한 것일까. 부인할 수 없다. 김어준은 박원순의 승리가 대의라고 봤다. 시민 경선 등을 통해 박영선에게서 양보를 받은 범야권 서울시장 후보 박원순. 그에게 한나라당 후보 나경원도 강적이었다. 토론회 내내 진땀을 뺐다.

나꼼수는 나경원에 대한 정밀검증으로 선거 국면에 참여했다. 나경원이 이사로 있는 홍신학원의 사학 비리 의혹, 나경원의 지역구인 서울 중구청에서 십수 명의 고위 공무원들이 호남 출신이라는 이유로 다른 구청으로 밀려났다는 의혹, 나경원의 남편인 판사 김재호가 일선 검사에게 "아내 명예훼손 피의자에 대해 기소하라(즉 재판에 세우라고 청탁했다)"고 했다는 의혹, 나경원 1억 피부과 의혹 사건 등에 대해 정의와 위민의 가치와 부합되는지 현미경을 들여다봤다. 그 일로 나경원은 나꼼수 멤버들을 고소했는데, 결론적으로 나경원은 나꼼수 관련한 모든 고소 고발에서 단 한 건도 승리하지 못했다. 한편 나경원과 한나라당이 나꼼수와 맞서는 와중에 박원순은 덕분에 큰 네거티브 없이 정책 홍보에 몰입했고 승리를 거머쥘 수 있었다.

미국 뉴욕타임스는 11월 2일자 국제판(인터내셔널헤럴드트리뷴)에서 "나꼼수의 대중성은 지난달 26일 서울시장 선거에서 20대부터 40대에 이르는 유권자 다수가 범야권 박원순 후보에 표를 던진 것으로 증명할 수 있다"고 평가했다.

서울시장 사퇴로부터 재보선 국면까지 두어 달 사이에 나꼼수는 현실 정치 중심에 들어왔다. 골방에서 네 남자가 시시덕거리는 이야기가 아니라 대한민국의 최대 최고 도시의 수장으로 장관급의 국무위원인 서울특별시장을 만들어낸 선거기획자가 된 것이다. 경제학박사인 우석훈이 경향신문 11월 1일자에 남긴 말.

"어쨌든 노동운동이든, 시민운동이든, 진짜 일단 대중들과 머리가 아닌 몸으로 만나는데 처음 성공한 집단이 바로 나꼼수다. 왜 하늘은 한나라당을 낳고 또 김어준을 낳았는가, 그렇게 말할 수밖에 없다. 나꼼수가 없었다면, 어눌하면서도 TV토론에서 '따박따박' 나경원을 '발라주지' 못하는 별로 매력적이지 못한 중년의 남성이 시장이 될 수 없었을 건 분명하다. 최근 김어준을 자주 만났고, 그와 머리를 맞대고 고민할 시간들이 늘어났다. 좌파 쪽 사람들이 나에게 가장 많이 해준 얘기는, '왜 김어준 따위와 노느냐?'였고, '옛날 그 김어준이 아니다'가 나의 답변이다. 명실상부, 공중파와 언론을 통틀어서 지금 김어준은 최고의 기획자이다. 지금 한국에 김어준의 감각을 따라갈 사람은 없고, 그만큼 종합적이며 기민하게 판단할 수 있는 사람도 없다. 그래서 한편으로 우리가 만나게 될 세상은 '시민의 시대'이기도 하지만, 동시에 '김어준의 시대'이기도 하다."

김어준의 힘은 10월 29일과 30일 이틀간 서울 한남동 블루스퀘어에서 있은 최초의 토크 콘서트 '나꼼수: 가카 헌정 버라이어티'에서도 확인된다. 한 달 전인 9월 30일 티켓 발매 1분 만에 전량 매진되는 예매율이 상징적이다. 당선과 동시에 취임한 서울시장 박원순이 이 자리에 함께했다.

실리는 정치적 무게만큼 비판과 견제도 정비례했다. 이 자리에서 나온 '눈 찢어진 애' 파문이 그랬다. 발단은 내 입이었다. '퇴임 후 MB 내곡동 사저 특종' 뒷얘기를 통해 주진우의 취재력을 은근히 띄워주는 맥락에서 "눈 찢어진 아이, 조만간 공개하겠다. 참고로 유전자 감식이 필요 없다"고 말했다. 정봉주는 "톤다운 시켜, 또 고발 들어와"라고 말했고, 이에 김어준 총수가 "주어가 없잖아, 주어가"라고 받아쳤다. 네 사람이 한 마디씩, 1분 정도에 불과했다. 이것이 언론에 연쇄적으로 보도됐다. (그런데 이 '눈 찢어진 아이'를 전하는 언론 보도 중에는 제멋대로 이명박-에리카김 관계와 연결 짓는 경우도 있었다. 현장에서 참관하며 최초 보도한 오마이뉴스 기자 홍현진은 "베껴 쓰더라도 '기사의 기본'은 지켰으면 좋겠습니다"라고 했다. 과한 억측이라는 설명이다.)

진중권은 그냥 넘어가지 않았다. "(눈 찢어진 아이에 대해) 너저분한 얘기라고 생각합니다"라며 비난의 포문을 열었다. 더불어 "한껏 들떠서 정신줄 놓고 막장까지 간 거죠. 저럴 것 같아서 내가 미리 경고했거늘. 포르노라는 게 원래 노출 수위를 계속 높여야 해요"라고 덧붙였다. 이어 "제발 경쾌하고 유쾌하게 가세요"라고 했다. 수십 년 전부터 오늘까지 서양에서는 동양 출신이 'Chinky eyes' 즉 '찢어진 눈'을 가진 사람이라며 조롱과 차별을 당한 사실을 거론하며 이를 웃으며 사용해서는 안 된다고 충고하기도 했다. 진중권은 이 글에서 "가카 시퍼렇게 살아계실 때 쫄지 말고 게게 보지. 가카 갈물 되니까 야담과 실화까지 동원해 씹냐. 도대체 뭘 위한 건지……."라고 언급했다. 박권일 또한 "축제 중에서도 힘 빠진 짐승을 칼질하는 쾌락을 제공하는 사육제다. 정권말기에 (현 정권의) 독이 빠진 상태에서 이명박을 겨냥하고 두들겨 패는 쾌감도 분명히 있을 것"이라고 했다. 이명박을 각각 '갈물', '이빨 빠진 호랑이'로 비유한 것이다. 2012년 총선 대선에서 이명박이 과연 그러했나.

정봉주
감옥가다

"정봉주가 구속되면 우리 모두가 구속되는 거 아니냐.
그래서는 안 되지만 그래도 만약 감옥가게 되면
365일 매일매일 다른 사식을 넣어줄 생각이다.
만약 가게 된다고 해도 끝까지 혼자 두지 않겠다"

'나꼼수'는 각하 헌정 방송이다. 여기서 각하는 당시 대통령 이명박을, 꼼수는 이명박의 잔꾀를 지칭한다. 그래서 나꼼수와 가카(이명박)와의 불편한 관계는 어쩌면 당연한 결과이리라. 다른 멤버들도 예외는 아니었지만 특히 정봉주는 가카의 BBK 저격수라는 점에서 유일하게 소 취하가 되지 않았던 터여서 언제 어떻게 될지 모르는 불안함이 잠복해 있었다.

2011년 11월 30일, 나꼼수는 서울 여의도공원에 최소 10만 명을 모아놓고 한미FTA 체결 반대 취지의 서울 공연을 열었다. 이때는 나꼼수에 침묵했던 지상파는 물론 케이블TV 방송도 대대적으로 보도했다. 상관관계가 있을까. 보름여 뒤인 12월 16일, 8월에 한 차례 유보된 정봉주의 BBK 재판 즉 2007년 대선 당시 '이명박 한나라당 후보가 BBK 주가조작 사건과 횡령 의혹에 연루됐다'는 등의 허위 사실을 유포해 공직선거법을 위반했다는 혐의로 2008년 2월 기소된 사건의 대법원 확정 판결 일정이 잡힌다. 12월 22일, 정봉주 감옥행을 직감하지 않을 수 없는 시점과 맥락이었다. 한 달여 동안 진행된 전국 투어가 12월 18일 제주 서귀포시(제주국제컨벤션센터 탐라홀)에서 대미를 장식하고 예정대로라면 네 사람 모두는 서귀포 특유 남국의 정취를 느끼며 쉬어야 한다. 그러나 상황은 비상이었다.

네 사람은 공연 당일 오후 제주시내 한 녹음시설에서 긴급 호외를 제작했다. 복잡다단한 BBK 사건의 진실이 무엇이고, 과연 정봉주가 감옥 갈 만한 잘못을 저질렀는지를 분석하는 것이다. 한마디로 '정봉주는 죄 없다'가 핵심 취지다.

김어준은 진지함을 넘어 누선에 다다른 우수에 젖은 목소리로 "여태껏 우리 힘으로 버텼지만 이젠 힘들다. 당신들의 도움이 필요하다"라고 했다. 여기서 말하는 당신들이 누구이겠나. 그날 공연은 내가 느끼기에도 너무나 침울하고 썰렁했다. 웃음과 열정을 책임진 정봉주 그리고 그런 정봉주에게 극한의 연민을 품을 수밖에 없는 나머지 세 사람 모두 평정심을 찾기 힘들었다. 공연 후 돌아온 네 사람은 제주시내 한 호텔에서 녹음한 파일을 함께 편집했다. 이튿날인 12월 19일 정오쯤 업로드 찰나에 충격적 소식이 전파를 타고 들어온다. 그것은 바로 김정일 북한 국방위원장의 사망. 김어준의 한마디 "야, 씨발, 정봉주 좆도 운

없다." 모든 이슈가 김정일 사망이라는 블랙홀에 매몰될 상황이 었다.

12월 20일, 서울 덕수궁 대한문 앞에서 '달려라 정봉주' 응원집회가 열렸다. 민중의소리는 경찰 추산 1500여 명의 시민들이 운집했다고 전했다. 정봉주 무죄를 주장하는 시민의 메시지가 녹화되고 있는 가운데 정봉주는 제자리 뛰기를 하는 것이었다. 혹한임에도 사람들은 몰렸다. 인식과 시각의 차이는 있겠지만 저마다 반듯한 세상을 꿈꿨던 사람들. 날은 추워도 이들의 목청은 높았다. "의원님 힘내세요" "파기 환송될 거예요" "정봉주는 달려야 한다"

정봉주는 외쳤다.

"사실 선고일자를 받고 심장이 떨어지는 듯한 두려움을 느꼈다. 하지만 옆을 보니 나꼼수 친구들, 민주통합당, 그리고 진심으로 대한민국을 사랑하는 여러분이 있어 용기를 낼 수 있었다. 다시 2007년으로 돌아간다고 해도 부도덕한 지도자와 정치인의 비리를 파헤치는데 앞장 설 것이다. 여러분이 제가 광대가 되길 원하면 광대가 될 것이고, BBK, FTA 저격수가 되라고 하면 그렇게 할 것이고, 최전방 공격수가 되길 원하면 맨 앞에 서서 끝까지 싸우겠다. 승리의 그날까지 여러분과 함께 달리겠다."

주진우는 "정봉주는 틀림없이 감옥 간다. 괜찮다. 우리 선배들 많이 감옥 가서 민주화 이루었다. 다음 타자는 저, 그리고 김어준 총수다"라고 말했다. 김어준은 "정봉주가 구속되면 우리 모두가 구속되는 거 아니냐. 그래서는 안 되지만 그래도 만약 감옥 가게 되면 365일 매일매일 다른 사식을 넣어줄 생각이다. 만약 가게 된다고 해도 끝까지 혼자 두지 않겠다"고 말했다. 운명의 시간이 다가온다.

판결 당일인 12월 22일. 오전 11시가 되기 전, 대법원을 등진 정봉주의 휴대전화 벨이 울린다. 발신자는 재판정 내 김효석 민주통합당 의원. 원심 확정 판결이라는 메시지이었다. 각오했건만 짙은 어두움이 그의 얼굴을 덮었다. 그의 무죄를 기원하기 위해 대법원 청사 앞에 모여든 시민들. 그들에게 정봉주는 "잘 다녀오겠다"는 짧은 인사말을 나눴다. 네 사람은 곧바로 서울 합정동 녹음 스튜디오로 이동했다. 대책 숙의를 위해서였다. 그 와중에 검찰은 '청사로 나와라', '오지 않으면 체포하겠다'며 압박을 했다. 법정구속과는 달리, 확정 실형선고의 경우 다소간의 준비 기간을 주는 편이다. 그러나 정봉주에 대해서만은 예우가 특별했다. 정봉주는 맞섰다. 검찰의 강공은 이즈음에 멈췄다.

그날 밤 정봉주의 서울 공릉동 현대홈타운스위트 아파트 앞에는 많은 지지자들이 모여들었다. 촛불을 든 시민들은 울고 있었다. 정봉주는 "울지 마세요. 울면 저들이 즐거워합니다"라며 위로 했다. 본인도 울면서.

수감되던 날인 12월 26일 새벽 3시 18분에 정봉주가 그의 팬클럽 '정봉주와 미래권력들'에 남긴 글.

"저는 이제 곧 감옥에 갑니다. 민주주의 제단에 제물로 바쳐지겠습니다. 꼭 다시 민주주의를 되찾겠습니다. 저의 구속으로 BBK 판도라 상자는 열릴 것입니다. 꼭 진실을 밝힐 수 있을 때까지 싸우겠습니다. 지금은 진실이 구속되지만 다음에는 거짓이 구속될 차례입니다.…… 여러분 저는 지금 가지만 곧 다시 돌아올 겁니다. 미권스 사랑합니다. 많이 보고 싶어질 겁니다. 그리워하는 만큼 승리의 희망을 품겠습니다. 굿바이 미권스……. I will be back!"

2011년 12월 26일. 정봉주가 수감되는 날이다. 22일 확정 판결 후 생애 가장 특별한 성탄절을 보낸 그. 서울중앙지검 앞에 당도했다. 3000여 명에 이르는 환송객이 몰렸다. 팔순 노모께 "건강히 다녀오겠습니다"라며 큰절 올릴 당시의 비장함은 사라졌다. 빨간 옷을 입고 빨간 장미와 '무죄'를 상징하는 흰 풍선을 손에 든 지지자들의 풍경. 트럭을 개조한 단상에서 마이크를 잡은 정봉주는 "너무 행복하죠? 오늘 우는 분들은 한나라당 프락치입니다"라고 말한 뒤 아내 송지영을 무대 위로 올라오게 해 목도리를 해주고 입을 맞췄다. 그러면서 "BBK 판도라의 상자가 열렸다. 내 입을 막고 진실을 가두는 것처럼 보이지만 결국은 우리가 주장했던 진실이 이길 것이다. 오늘은 진실이 갇히지만 내일은 거짓이 갇힐 것이다"라고 했다. 이 레토릭은 전날 네 사람이 함께 숙의한 것이었다. 앞서 마이크를 잡은 김어준은 "정봉주가 구속 수감되는 것이 아니고 다음에 가실 분을 위해 지도방문 가는 것"이라고 했다. 다음에 가실 분은 물어보나마나 이명박이었다. 중앙일보와 인터뷰 한 40대 행인은 "총선 출정식을 하나 해서 와봤는데 알고 보니 수감되는 사람 환송식이라고 해서 놀랐다"고 말했다.

　　나꼼수 네 사람은 환송 행사를 마치고 지지자들 사이로 일렬로 서서 들어가기로 했다. 그러나 모 정치인이 갑자기 정봉주의 한쪽 팔을 붙잡더니 검찰 청사 안 포토라인이 끝나는 지점까지 함께 했다. 퍼포먼스는 엉망이 됐다. 그 정치인은 당일 마이크를 잡더니 "명예훼손죄나 허위사실 유포죄 등 애매한 법조항을 그대로 놔두면 같은 피해자가 생긴다. 이런 피해를 없애는 정봉주 법을 만들기로 했다"고 발언했고 박수까지 얻었다. 그는 곧 이은 당 대표 및 최고위원 경선에 나서 최고위원이 된다. 당시 여러 언론에 나가 밝힌 출마 명분은 '정봉주 요청'이었다. 그러나 수감 이래 정봉주가 그에게서 덕 본 것은 이른바 '정봉주법' 대표 발의 말고는 없었다. 출감한 뒤 또 정권이 바뀐 이후지만 10년간의 정치활동 금지형으로 인해 피선거권은 물론 선거권도 제약받는 지금까지도. 그의 BBK 관련 치열한 송사는 개인의 사적 이익과 무관했다. 당의 대선 승리 만이었나, 부도덕한 자에게 권력마저 줄 수 없다는 시민 차원의 결기라고 표현해도 과하지 않다. 실제 그 걱정은 터무니 없지 않음을 4대강, 자원외교, 방산비리 등 비리와 비위로 결정된 MB시대 적폐가 웅변하고 있다.

정봉주는 낮 1시 서울중앙지검으로 들어가 구속 절차를 거쳐 서울구치소에 수감됐다. 기소된 지 3년 8개월. 당시 나꼼수를 했던 네 사람은 스크럼을 짜고 마지막 대화를 나눴다. 당시 대화를 이렇게 기억한다.

김어준   (대성통곡 아님) 흑……흑……. 의원님, 우리가 꼭 구해드
          릴게요.

정봉주   흑……. 김 총수, 주 기자, 김 교수, 우리, 지지 말자.
          꼭…….

김용민   흑……. 의원님, 기도할게요.

정봉주   흑……. 주진우, 너는 할 말 없냐…….

주진우   …….

　　　정봉주에게 큰 두려움은 망각이었다. 찬사는 물론 욕도 좋
다. 그러나 정치인에게 존재감 상실 만한 고통은 없었다. 김어준
은 이런 정봉주의 마음을 잘 알았다. 그래서 프로그램 연번을
'32회'에서 멈추고, 2012년 1월 1일 첫 방송부터 '봉주 X회'로 새
로 매겼다. 그러면서 정봉주의 웃는 부분만 따로 떼어내 나꼼수
중에 넣도록 나에게 주문했다. 이보다 앞서 자신의 수감 이후 업
로드 될 나꼼수에 나갈 메시지를 한꺼번에 녹음하도록 했다. 멘
트는 못하지만 웃음(리액션)만이라고 넣어 정봉주를 잊게 하지
말자는 취지였다. (정봉주는 3월 중순 중학생인 딸의 생일을 축하하는
부분에서 영락없는 딸바보임을 드러냈다. 울먹였기 때문이다.) 웃음소리
든, 사전 녹음이든, 정봉주의 '존재감'을 대신할 수 없었다. 녹음

분량은 4월 초순까지였다. 이는 4월 11일로 예정된 총선에서 승리하면 어쩔 수 없이 이명박이 자신을 풀어줄 거라 믿었기 때문이다. 그러나 그는 꼬박 1년 만기를 채웠다.

비키니
파문

"이런 판단이 가능한 이유가 뭐냐 하면, 성이 갖는 정치성 때문이에요.
근데 우리 다 안다고, 우리가 천박하긴 하지만 무식하지는 않는다니까."

정봉주가 감옥에 간 지 한 달이 채 지났을까, 이른바 비키니 파문이 터진다. 당시 한겨레에 "〈나꼼수〉 팀이 '주적'이 됐다" 제목으로 실린 보도 내용이다.

지난 (2012년 1월) 21일 '나꼼수 봉주 3회'에서 김용민 피디가 '정 전 의원께서는 독수공방을 이기지 못하시고 부끄럽게도 성욕감퇴제를 복용하고 계십니다. 그러하오니 마음 놓고 수영복 사진을 보내시기 바랍니다'라고 말한 뒤다. 김 피디는 변사 목소리로 정봉주 전 의원의 수감 생활을 뉴스 형태로 전하면서 이렇게 발언했다.

이 말은 '나와라 정봉주 국민운동본부' 누리집에 '푸른귀'라는 아이디의 여성이 비키니를 입은 사진을 올린 뒤 나왔다. 이 여성은 자신의 가슴에 '가슴이 터지도록 나와라 정봉주'라는 문구를 썼다. 이어 2~3명의 여성이 역시 비슷한 형식의 사진을 올렸다."

주진우는 또한 트위터에 정봉주 면회 후기를 올리면서 "가슴 응원사진 대박. 코피 조심"이라고 직접 언급했다. 이것이 파문을 더욱 키운 셈이었다.

이와 관련해 여성 회원이 많은 인터넷 포털 다음 '쌍코'(쌍화차 코코아)의 한 여성 회원이 올린 글이 큰 반향을 일으켰다. 제목은 '우리는 진보의 치어리더가 아니다'였다.

"이 사건의 주체가 젊고 풍만한 여성이고 전달하고자 한 메시지가 50대 남성정치인의 석방이며 그것을 위해 이용한 것이 여성 특유의 신체부위였기에 불쾌했다. 그에 대한 남자들의, 그 말도 웃긴 진보적인 남성들의 느물거리는 시선은 한 마디로 똥벼락이다."

'쌍코' 회원만이 아니었다. 이른바 삼국카페 '소울드레서', '쌍화차코코아', '화장발'은 2월 6일 비키니 인증샷 논란에 대해 공동성명을 내고 "나꼼수에 대한 애정과 믿음, 동지의식을 내려놓는다"며 공식 지지 철회를 선언했다. 이보다 앞선 시점에 나꼼수 멤버들과 함께 공연을 했던, 소설가 공지영 씨가 한마디 했다.

"가슴 인증 샷을 옹호하는 마초들의 불쾌한 성희롱적 멘션들과 스스로 살신성인적 희생이라고 하는 여성들의 멘션까지 나오게 된 것은 경악할 만하다. 여성의 성징을 드러내는 석방 운동을 개인적으로는 반대한다. 그것에 대해 대수롭지 않게 여기는 나꼼수 팀과는 분명히 의견을 달리한다."

여기에 시사IN 편집국 여기자 몇 명도 주진우를 찾아가 "'가슴 응원사진 대박이다. 코피 조심하라'라는 발언, 매우 실망스럽다"며 "쟁점이 되고 있는 사안인데, 해명이 필요하다"며 항의 표시를 하기도 했다.

결국 나는 물론, 주진우는 사과의 뜻을 표한다. 상식선에서였다. 주진우가 민주사회를위한변호사모임이 2012년 4월 3일 발행한 인터넷 뉴스레터 '민변의 인터뷰—주 기자가 걸어온 길, 그리고 걸어가야 할 길'에서 밝힌 말이다.

"나는 만약 카페의 옆 테이블에 앉은 이가 우리 테이블에서 하는 말을 통해 불쾌감을 느꼈더라도 사과하는 게 맞다고 본다. 특히 여성이 아닌가. 여성은 우리사회에서 늘 피해자이고 약자였던 것 맞다. 그런 여성들이 불쾌감을 이야기 한다면, 그리고 그들이 사과를 요구한다면 응당 그들의 권리라고 생각한다. 나는 늘 약자의 입장이려 했던 것처럼 금번 사태에서도 여성의 입장에서 느끼고 싶었다. 그래서 사과하고 싶었다. 제 나름대로 사과했다. 다만, 기본적으로 본질이 그것이 아닌데 나꼼수를 비난하려는 의도만으로 언급되는 것에는 유감스러움이 있었다. 당시 논란의 프레임 자체에는 동의할 수 없는 지점이 분명 존재했다. 우리사회에서 누드시위라든지, 표현방식에 성적 수단이 동원되는 문화에 대한 논의나 이해가 충분했는지, 진보언론이든 보수언론이든 그저 나꼼수를 폄하하려고만 의도한 것이 아닌지 등 몇 가지 아쉬운 점이 있었다."

그러나 김어준만은 아니었다. 그가 2월 10일 올라온 '봉주 5회'에서 밝힌 말이다.

"우리가 여성을 성적으로 대상화했다. 코피팡! 히히히 하하하. 이거 아니야 이거, 이게 흥미로워요. 인간이 자신 이외의 인간을 대상화하는 경우도 있나. 남자도 여자도 서로를 성적으로 사회적으로 경제적으로 끊임없이 대상화해요. 타자화해. 우리 모두가 그래 일정 정도. 우리가 그 사진을 처음 보고 나서는 순간적으로 그 비키니 사진을 올린 그녀의 몸매를 보고 대상화를 했어. (주진우 김용민에게) 우와~ 했잖아. 이 자식들아, 하지만 그건 1초도 안 돼. 우리가 고삐리인가. 우리가 1초 후에 졸라게 떠들었던 건 뭐였냐면 야 우리나라도 드디어 이런 시위가 가능하구나, 이렇게 발랄하다 통쾌하다 그러며 졸라 떠들었다고. 순간적으로 그녀의 생물학적 완성도에(웃음) 탄성을 질렀어. 라인이 예쁘다! 1초도 안 걸렸어 그런데 곧바로……. 우리가 고삐리가 아니잖아. 우리가 마흔 넘었어, 다."

이에 대한 변혜정 서강대 성평등상담실 상담교수의 반론성 의견이 오마이뉴스에 실렸다.

"실제로 남자들에게 있어서 여자와의 관계는 배출, 배설이다. 별로 심각하지 않다. '난 유쾌하다고 생각하는데, 그리 심하지 않은데 왜 그렇게 의미를 부여하느냐'고? 그 정도밖에 안 되는 농담 수준이 가지고 있는 남성중심성. 남성욕망의 형성을 문제 삼는 거다."

'여성'이 행한 비키니 시위에 대한 평가도 있었다.

"비키니 시위? 할 수 있다. 재밌을 수 있다. 여성의 몸을 활용한 시위들? 과거에 페미니스트들이 브래지어 태우면서 벗어 던지고, 수많은 시위 방식이 있다. 오케이, 좋다. 그런데 여자들이 스스로 자발적으로 하는 것과 남자들이 '너희 한 번 올려봐'라고 하는 것. 완전히 의미가 다르다. 그럼 남자라는 존재는 이런 방식밖에 안 되나. 꼭 성욕을 이런 방식으로 상대방이 있어야만 풀고, 그게 없으면 성욕감퇴제라도 먹어야 살 수 있는 존재냐. '성매매 냅두라'고 하는 것도 이런 논리다. 남자는 분출되는 욕망이 있으니까 풀어야 한다. 저는 그런 욕망의 방식에 대해서 문제제기 해야 한다고 본다."

결국 사태는 정봉주의 사과 편지로 일단락되는 듯했다. 이른바 삼국카페로 알려진 카페 회원들에 보낸 편지이다.

"양성평등적 교육을 제대로 받지 못했을 뿐 아니라, 성적 약자의 위치에 있는 '여성문제'에 대해서도 진지하게 고민해 본 적이 거의 없습니다. 삼국카페에서 지적하는 수준에 도달하지 못

했음은 물론, 도달해야 한다는 절박한 현실적 필요성을 느낀 적
도 없었습니다. 이런 부족하고 저열한 수준에 머물러 있음을 반
성하면서 사과하겠습니다. 그리고 고치도록 노력하겠습니다."

그러나 김어준은 한 발도 물러서지 않았다. 나꼼수 '봉주 5회'
에서 한 그의 발언이다.

"이런 거죠. 직장상사가 성희롱 의사가 없어도 부하 직원이
성적 수치심을 느꼈다, 그러면 성희롱이라고 법적으로도 판단해.
왜냐. 왜 일방의 감정을 법적 판단의 근거로 인정을 해주느냐, 이
유가 있어요. 부하직원은 자기가 성적 수치심을 느껴도 상사가
줄 수 있는 불이익 그걸 두려워해서 소극적일 수 있거든. 이 성
적 수치심을 정당하게 문제제기할 수 없는 권력관계의 불평등이
있을 경우에, 그러니까 쉽게 말하면 문제제기하고 싶은데 그랬
다가는 회사에서 잘리거나 불이익을 당하거나 아무 일도 아닌
데 왜 그러느냐, 다들 괜찮다고 하는데 이런 소리를 듣거나…….
그래서 위계에 의한 폭력, 이게 되는 거예요. 이런 판단이 가능
한 이유가 뭐냐 하면, 성이 갖는 정치성 때문이에요. 근데 우리
다 안다고. 우리가 천박하긴 하지만 무식하지는 않는다니까. 근

데 우리와 이 비키니 사진을 올린 그녀 사이에는 그런 권력관계
가 없어요. 그녀에게 비키니를 올리라고 (그녀가 원치 않는데도) 요
구할 권력관계도 없고. 그녀가 수치심을 느끼는데도 문제제기를
하면 불이익을 줄 권력관계도 없어. 오히려 이 당사자는 비키니
사진을 올리라고 해서 올린 것도 아니야"

일각에서는 지각없는 여성이 나꼼수의 비키니 사진 요구에
응해서 사진을 올렸다는 식으로 의혹을 제기했다. 그러나 진실
은 그 반대였다. 사진이 올라왔고 여기에 고무돼 '성욕감퇴제' 등
의 농담으로 대응한 것이 전말이다. 김어준의 말은 이어진다.

"이분도 의사표현을 나중에 했잖아. '아니 내가 그런 유치한
농담도 소화 못하는 사람인줄 아느냐. 내 자발적 의지를 왜 폄
훼하느냐' 이러며 화를 냈잖아. 자기가 성희롱 당한 게 아니라고.
여기서 가해자도 없고, 피해자도 없고, 권력관계도 없어요. 그러
면 성희롱 재판은 끝나는 거야. 상대를 이성으로 대상화하면서
도 대등한 인간으로 감정이입하는 게 돼! 왜 두 가지가 분리돼
야 해? 그게 완벽하게 분리가 되는 인간이 이 세상에 존재하기
나 하나? 데리고 와 봐, 씨발! 그게 어떻게 분리가 돼? 거짓말 좀

하지마! 이걸 인정하지 않으면 두 개가 공존한다. 섹시한 동지는 세상에 존재할 수 없어. 섹시한 동지가 있어. 그게 왜 없어? 씨발, 왜 안 돼? 우리가 잡놈인 건 맞는데 지적 수준은 높아. 성 평등 지수 졸라 높아!"

감옥 안 정봉주와 감옥 밖 세 사람의 입장은 이렇게 갈렸다. 김어준은 이 논란이 번질 때 나와 주진우에게 '오프'에서 밝힌 말이 있다.

"야, 이게 다른 나라에서는 논란거리라도 될 거 같아? 너무 촌스러워!"

이 지점에서 나는 김어준이 〈중등우리교육〉 2001년 9월호와 가진 인터뷰 내용이 떠올랐다. '여행 다닐 때 무엇을 보는가'라는 질문에 김어준이 이렇게 답했다.

"처음 여행 다닐 때하고 나중 여행을 비교해 보면 차이점이 있어요. 맨 처음에 여행을 다닐 때에는 이 나라가 우리나라하고 뭐가 다른가가 눈에 띄었어요. 제가 처음 간 나라가 오스트리아

였는데 너무 다르고 신기해 죽겠더라고요. 그런데 여행 다닌 나라가 서른 개쯤 가까우니까 사람 사는 데는 으레 비슷하다고 보이는 거예요. 사람이 사는 데면 으레 있는 규칙들, 글로 쓰여 있지 않아도 통용되는 규칙들이 있는 겁니다. 제가 나중에 멋지게 이름 붙인 걸로는 '보편적인 상식'입니다. '사람 사는 덴 다 이래!' 그리고 그 상식이 사람들 사이에서 지켜지는 사회가 정상적인 사회인 것 같아요. 그런데 여행하고 돌아와 우리나라에서 살다 보면 그런 보편적인 상식에 어긋나는 것이 있죠. '이런 건 기본적으로 지켜 줘야 되잖아. 답답한 게 눈에 띄는 겁니다.'"

김어준이 언급한 '권력 관계의 부재'에 대해 여성학자 김주현이 논문에서 다룬 바 있다. 〈여/성이론〉 26호에 실린 '누가 여성의 성적 결정권을 걱정하는가?'의 한 부분이다.

"남성들이 여성들의 성적 자기결정권을 격려하는 것은 논리적 도덕적으로 모두 문제이다. 남성의 욕망에 부응하는 것만을 여성의 자유라고 재규정한 성적 자기결정권 개념은 그 자체로 모순이다. 표면적으로는 자발적으로 보이지만 철저히 타율적이기 때문이다. 또한 그 개념적 모순은 논리적으로 나쁠 뿐 아니라, 기만적 책략으로 의도되었다는 점에서 도덕적으로 나쁘다. 타자의 자유를 격려하는 척 하면서, 타자를 도구화하는 것은 기만이며 반도덕적이다."

　이 논란은 실제 여성학의 논제가 되기도 했다. 한국여성학회가 발행한 〈한국여성학〉 29권 2호에서 김수진은 '아이디 주체(ID Subject)와 여성의 정치적 주체화: 나꼼수 – 비키니시위 사건을 중심으로'라는 소논문을 통해 나꼼수의 '마초성'의 논의에서 한 발 더 나아가 남성 지배질서에서 편만한 관음증을 역이용한 정치적 시위로 해석했다.

　최규창은 『고통의 시대 광기를 만나다』에서 김어준의 선택에 대해 다른 맥락으로 평했다. 김어준이 장광설을 늘어놓으며 사과 따위는 없었지만 구구한 해명이 엄숙주의의 벽을 인정하는 것으로 비춰졌다는 이야기다. 이 논란의 종지부는 뜻밖에도 MBC 기자 이보경이었다.

　"가슴이 쪼그라들도록, 나와라 정봉주!"라는 글귀를 몸에 적고는 비키니 시위에 동참했다. 철학박사 강신주는 이보경을 유일하게 진보적이었던 사람이라고 지목한다. 경향신문 3월 19일자 '철학자 강신주의 비상경보기'에서 밝힌 말이다.

"비키니 시위의 문맥을 알고 있었던 사람은 유명한 학자도 논객도 아니고, MBC 이보경 기자였다. 40대 후반의 나이에도 불구하고 그녀는 과감하게 비키니 시위 장면을 패러디한 사진을 올렸다. 그렇지만 가슴 언저리에 새겨진 문구는 가히 예술의 경지에 올랐다고 할 수 있다…… '이제 됐니. 이제 볼륨감 없는 여성이 등장했으니 쓸데없는 논쟁은 하지 말고, 정봉주가 가진 우리 시대의 정치적 문맥이나 제발 생각해라.'…… 문맥을 파악하려는 사람은 상대방의 말을 통해 그 사람의 내면을 읽으려는 사람이다. 당연히 그는 표면적인 표현 형식에 집착하지 않는다. 바로 여기에서 민주주의가 가능해지는 것 아닌가? 반면 보수적인 사람은 말하려는 사람의 속내보다 자신의 내면에 기재되어 있는 건전한 단어 목록이나 이념에 더 큰 신경을 쓰기 마련이다. 그러니 이런 사람은 문맥을 읽으려고 하지도 않고 읽을 수도 없다. 그저 상대방의 말을 제대로 듣기보다는 꼬투리 잡는데 혈안이 되기 십상이다. 여기에 바로 해묵은 권위주위와 독선이 발생하는 것이다."

경향신문에서 이런 논조는 '외부 필자'의 견해에 불과했다. 이 신문의 주견은 강신주 지적대로 '해묵은 권위주의와 독선'에 머물렀다. 경향신문은 나꼼수를 아예 서너 차례 1면에서 다뤘다. "주류가 된 나꼼수, 시험대 오르다"(2월 1일자), "여성회원 60만 삼국카페 '나꼼수 지지 철회' 성명"(2월 7일자), "정봉주 '나꼼수 비키니 논란 사과'"(2월 9일자).

비단 경향신문만이 아니다. '비키니 파문'과 관련해서 다른 신문도 다르지 않은 논지였다. 사설만 추려본다. "'비키니 논란' 과 나꼼수의 부적절한 대응"(한겨레), "나꼼수 '비키니 인증샷' 너무 나간 것 아닌가"(서울신문), "性희롱 하고도 발뺌하는 나꼼수의 궤변"(국민일보), "나꼼수에도 '대안언론'의 책임 있다"(한국일보), "'정봉주 비키니'에 침묵하는 여성단체의 위선"(동아일보) 등. 특히 실소를 자아내게 한 것이 있었으니 세계일보였다. "'비키니'·'남성 누드' 후속편 나오기 전에 결자해지를". 이런 언론의 호들갑에 대해 한국외대 김춘석 교수는 2월 12일자 경향신문 '옴부즈맨 코너'에서 이렇게 꼬집는다.

"감시견(監視犬) 역할 등 한국의 주류언론 특히 신문이 민주주의 언론에 주어진 규범적 기능 세 가지 가운데 어느 하나라도 제대로 수행했다면, 나꼼수에 '대안언론'의 지위가 주어질 가능성은 거의 없다. 〈나꼼수〉는 말 그대로 'B급 해적방송' 수준의

일개 팟캐스트에 불과했을 것이다. 나꼼수 팬덤이라는 문화현상
을 만들어낸 이는 다름 아닌 주류언론인 신문과 방송이라는 점
을 강조하고 싶다."

김어준의
B급 언어론

아무튼 나꼼수에도 욕은 소통수단이었다. 또한 콘텐츠였다.
김어준은 "쫄지 않는 자세"의 표징으로 삼았다.

김어준은 '씨발' '졸라'를 각각 마침표 쉼표 쓰듯 한다. 이 거침없는 욕지기는 바뀌지 않는다. 나꼼수가 '과도한 욕설'로 도마 위에 올라 소모적 시비에 휘말렸어도 불변이다. B급 언어 사용과 관련한 그의 철학을 엿볼 수 있는 대담이 있다.

국립국어원이 2005년 3월 19일 마련한 '국어 순화에 대하여' 좌담회에서 "국어 순화가 정말 필요한지, 국어 순화를 왜 해야 하는지에 대한 사회자 질문에 김어준은 이렇게 대답했다.

"'순화'에는 도덕주의의 냄새가 있습니다. 욕을 쓰지 말라는 태도가 국어 순화의 정신에 합치되는 것이 아니라 욕을 언제 쓸지 알고 쓴다면 그게 국어 순화의 정신에 더 합치되는 게 아닐까요? 비속어에 대한 변호를 하기 위해 이런 말을 합니다. '다른 것'과 '틀린 것'은 구분해야 합니다. 시에는 시적 허용이 있듯이, 일상 언어 사용에도 이런 것이 인정되어야 합니다. '없다'를

'엄따', '아주, 몹시'를 '졸라'라고 하는 것도 언어 유행이라고 봐야 합니다. 충분히 성숙한 문화에서는 이런 표현들도 얼마든지 수용할 여건이 된다고 봅니다. 인터넷 통신 용어 중에는 길게 쓸 것을 줄여서 쓰는 것도 있고, 더 나아가 이모티콘처럼 재미있게 쓴 것, 조폭 은어 같은 것도 있습니다. 그런데 이런 것들은 '축약, 노력 경제'라는 실용적 목적도 있고 그룹 간 내부 결속이라는 심리적 동기도 있습니다. 인터넷 통신 용어 중에는 점차 변형들이 생기고 분화가 되어서 눈 깜짝할 새에 그룹 내부 간의 의사소통도 잘 안 되는 일이 생기게 되더군요. 그런데 제가 젊은 네티즌 층의 인터넷 언어 중에서 문제점을 느끼게 된 것이 이런 겁니다. 다르게 쓴 것이었는데 그 자체가 표준어인 줄 알고 (어문 규범이나 문법에) 틀리게 쓰는 데에도 영향을 줄 때 문제가 될 수 있겠다고 생각하게 됐습니다. 다르게 쓰는 집단이 규범대로 쓰는 집단보다 상회하거나 그 그룹 내에서도 소통 장애가 생깁니다. 변화 속도가 굉장히 빨라서 6개월이나 1년 사이에 완전히 새로운 용어가 생겨납니다. 'Kin' 이나 '즐' 등이 그런 예죠. 그 모임의 구성원 간에는 너무나 당연한 표현인데 그 모임에서 조금만 벗어난 다른 사람은 완전히 모르는 표현이 되는 거죠. 사회 변화 속도가 정말 빠릅니다. 그런데 우리는 대개 자기가 배운 시점의 언어를 정상적인 언어라고 생각하는 경향이 있는데 이는 마치 '관성' 같은 것이라고 생각됩니다. 우리가 쓰는 말도 사회 변화를 수용하고 따라가야 할 거라고 봅니다."

그러면서 김어준은 "언어의 이상성보다 언어의 기능적 면을 주로 언급하였다. 소위 비속어나 인터넷 언어가 우리 사회 주류에 영향을 미치게 되었다"는 얘기를 했다며 사회자가 자신의 말의 요약하자 이렇게 덧붙였다.

"일본어 투와 관련된 얘긴데요. 왜 '쓰레빠'라고 하면 안 되는지요? '쓰레빠'는 갈색 플라스틱으로 된 것으로 화장실에서나 동네 슈퍼 갈 때 질질 끌며 신고 다니는 것이 떠오르는데, '슬리퍼'라고 하면 흰색이고 헝겊으로 된 호텔 양탄자 위에서 사용하는 것이 떠오릅니다. 중국 조어(造語)는 되고 일본 조어는 안 된다는 것은 이해는 되나 논리적이지 않은 것 같습니다. 일본어 투를 쓰면 반민족적이라고 보면 곤란한 것 아닐까요?"

사실 표준과 규격이 아닌 언어를 못 참아 하는 이들이 있다. 그러나 김어준은 철저히 소통의 수단으로 본다. '씨발'과 '졸

'라'가 감정을 표현함에 있어 가장 적합하다 판단되면 여지없이 활용한다. 그의 사적 서신에서 "으하하" 등이 자주 등장하는데, 이것도 같은 맥락이다. (하지만 텍스트로 된 그의 입장에는 오탈자를 찾기 힘들 정도로 정확한 맞춤법이 반영돼 있다.) 욕도 마찬가지다. 그 감정이 상대에게 가장 적실하게 전달됐다는 징표, 즉 웃음, 즐거움, 분노, 슬픔 등의 반응이 나타나면 언제든 얼마든 쓰일 수 있다고 보는 거다. 지금은 논문 및 신문기사 빼고 욕설이 문장 안에 녹아있는 것이 전혀 놀랍지 않다. 물꼬를 튼 주체는 딴지일보 김어준이었다. 김어준은 당시에 항의를 많이 받았다고 한다. 〈중등우리교육〉 2001년 9월호와 인터뷰에서 "보수적인 교사 집단으로부터 항의 받은 적은 없느냐"는 질문을 받고 이렇게 대답했다.

"교사 집단뿐 아니죠. '네가 한글을 파괴한다!' 하며 메일이나 전화가 오기도 하고요. 심지어 '세종대왕이 무덤에서 벌떡 일어날 것이다'라고 협박까지 합니다. 그러면 이렇게 답을 하죠. '일어나면 연락해라!' 하하."

여기에 대해 〈인물과 사상〉 2009년 3월호 인터뷰 내용이 부연설명이 될 것 같다.

"욕은 잘못 사용할 때 문제가 되는 거야. 욕을 없애려고 할 것이 아니라 언제 해도 되고, 언제 하면 안 되는지 그걸 구분하는 방법을 길러주는 것이 욕에 대한 교육이라고 봐. 친구들하고 아무리 심한 욕을 해도 그 욕이 통용되는 분위기와 공간과 상황이 있다고. 어릴 때는 잘 몰라. 그런데 어릴 때 처음 욕을 배운 이는 상황에 안 맞는 심한 욕을 많이 한다고. 그러다가 얻어터지고, 욕도 먹으면서 배워가는 거야. 그러면서 언제 욕을 써야 되는지를 알게 되는 건데, 내가 보기에는 그게 욕에 대한 교육이야."

인터넷 악플에 대해서도 김어준은 무조건 나쁘다고만 할 것이 아니라며 문화적으로 수득해나가야 한다고 주장했다.

"인터넷 악플이라는 것도 그래. 인터넷이라는 현상 자체는 생긴 지 10년 밖에 안 됐기 때문에 우리 모두 어린이들이라고. 언제 욕을 해도 되고 언제 해도 안 되는지에 대해 사회적 규칙이 마련되어 있지 않잖아. 점점 만들어져가고 있는 거지. 비용과 시행착오를 겪어갈 수밖에 없는 거라고. 지금 정부의 소위 악플 정책이라는 것은 선생님이 욕을 한마디도 하지 말라는 것과 같은 거거든. 그렇게 해서 해소될 수 없거니와 막을 수도 없고. 지구상에 핵을 없앨 수 없는 것처럼 해법이 안 나온다는 거야. 해법은 결국 우리가 비용도 치러가면서 이렇게까지는 해서 안 되고 여기까지는 용인될 수 있고, 이 분위기에서는 욕설이 가능하고 이 부분은 비판이고 이런 것을 구분할 수 있는 지성을 길러내고, 문화적으로 수득해가는 수밖에 없어. 그 과정을 건너뛰어서 욕설이 없는 것이 좋은 인터넷이라고 하는 것은 착각일 뿐만 아니라 그런 세상은 오지 않는다는 거지."

아무튼 나꼼수에도 욕은 소통수단이었다. 또한 콘텐츠였다. 김어준은 "쫄지 않는 자세"의 표징으로 삼았다. 『닥치고 정치』에서 한 말.

"정면으로 부딪혀서 자존심을 세우다가 한 방에 죽어나가는 것보다는, 적당히 피하고 욱하면서 삶을 영위해가는 것이 이 시대의 처세다. 그런 때 필요한 것이 욕이고 위로다. 대신 욕해주는 것, 함께 있어주는 위로가 우리가 필요로 하는 태도로서의 콘텐츠다."

김어준은 내가 유명인 특히 '꼰대'로 불리는 이들의 성대모사를 하면서 욕 섞는 것을 무척 좋아했다. 김대중 전 대통령의 말을 이렇게 변용했다.

"에, 우리 국민들이 선거에서 나쁜 정당에 투표를 하지 않으면 된다, 전 이렇게 확신하는 바입니다. 또 많은 사람들이 나쁜 신문을 보지 않고, 또 집회에 나가고 하다못해 담벼락을 쳐다보고 욕을 하면 됩니다. 그렇다면 욕을 어떻게 할 것인가. 자, 따라 해 보세요. '니미 씨벌놈아.' 왜 웃어? 이럴 땐 시치미 떼고 따라 해야 교양이 있는 것이여! 자, 다시 한 번 따라혀봐요. '니미 씨벌놈아.'"

정치에 참여하기 전 노무현재단 이사장이던 문재인을 이렇게 흉내 냈다.

"노무현재단 문재인입니다. 저희가 작년에 노무현 대통령을 모독한 조현오 경찰청장을 고소했어요. 근데 조현오 총장이 아직도 조사를 안 받고 있어요. 제가 그래서 오늘 조현오 청장에게 아주 정중하게 한마디를 하겠습니다. 야, 조현오, 너 우리 집 안 와봤지? 양산 두메산골이야. 아무도 못 찾아, 이 XX야. 내가

공수부대 나온 너 이 XX야 묻어버리면 아무도 몰라. 우리 집에
풍산개가 있어, 이름이 조현오야, 이 XXX야. 너 이 XX 길가다
만나면 원터치야, 이 XX야."

김어준은 매 행사 때마다 내게 이 멘트를 하도록 했다. 이게
나중에 내 발목을 잡는 단초가 될 것이라고까지 누가 알았을까.

막말 김용민,
출마하다

"내 말 제대로 들어라. 도망가지 마라. 피한다고 될 일이 아니야."

2012년 3월. 정봉주는 간절히 기대했었지만 감옥에서 나오
지 못했다. 2022년까지 출마할 수 없도록 한 정치 활동 중지 조
치도 당연히 유효했다. 그래서 정봉주는 나에게 출마를 권유했
었다. 수감 전날에도 정봉주는 비슷한 말을 했었다.

"2월까지 또 3월까지 못 나오면 어떻게 하지······. 어떻게 준
비한 총선인데······. 김어준은 도덕성에 큰 문제가 있고, 주진우
도 청산 못한 과거사가 많은 것 같고······. 김 교수가 대신 나가
야겠네. 목사 아들이 남 뒤통수치기야 했겠나. 나중에 내가 나오
면 지역구 반납하고······. 하하하."

정봉주는 당(민주통합당)에서 자신을 위한 특별법을 만들기
로 했다면서 기대감을 표시하자 주진우 역시 정권 말이라 MB
스스로 털 기회는 총선 전까지라고 거들고 나서자 김어준은

"MB가 어떤 사람인데"라며 불가능하다고 주장했다.

결국 김어준의 예상대로 정봉주는 감옥에서 나오지 못했고, 누군가 정봉주를 대신해 출마를 고민해야 했다. 김어준은 나의 출마에 반대도 찬성도 하지 않았다. 주진우는 반대했지만 끝내 동의하지 않을 수 없었다고 했다. 물론 나의 출마에 대해 여론은 '나꼼수'가 이제 정치까지 접수하려고 하느냐는 비판이 강하게 제기되었다.

사실 나꼼수는 나의 출마를 원한 건 아니었다. 주진우가 2012년 4월 3일 발행한 인터넷 뉴스레터 '민변의 인터뷰-주 기자가 걸어온 길, 그리고 걸어가야 할 길'에서 이렇게 밝혔다.

"원치 않던 길이었다. 우리의 역할은 골방에서 '임금님 귀는 당나귀 귀'라고 소리쳐 주고, 정말 잘못됐다고 소리쳐 주는 건데. 그 역할을 언론이 안하고 있으니. 우리가 나서게 되었다. 그런 끝에 정봉주 의원은 감옥에까지 가게 된 것 아닌가. 정봉주 의원은 나꼼수가 아니었다면 감옥에 가지도 않았을 것이다. 나 역시도 (나꼼수가 아니었다면) 소송에 그렇게 휘말리지 않았을 거고. 솔직히 나 개인적으로는 나꼼수를 위해서 김용민의 출마에 동의하게 되었다."

숱한 논란 끝에 나는 정봉주의 지역구, 서울 노원갑에 출마한다. 당시 나는 나꼼수를 통해 출마 이유를 이렇게 밝혔다. 이 내용은 김어준의 숱한 윤문 끝에 탄생한 것이다.

"지금까지 그럭저럭 살만했고, 앞으로도 그럭저럭 살아가려고 했던 제 소박한 바람을 이제 접어두기로 했다. 19대 국회의원 총선거에 노원갑에 출마한다. 감춰진 진실을 알린 정봉주를 교도소로 보내야 했다. 지켜주지 못했다. 권력의 부조리를 가열차게 고발하는 주진우, 시민이 쫄지 않고 자유롭게 말할 권리를 외치는 김어준. 언제까지 버틸 수 있을지 모르겠다. 골방에 둘러앉은 네 남자의 수다가 이렇게 큰 죄가 되는 시대에 살고 있다. 그들이 가두고자 하는 것은 정봉주, 주진우, 김어준, 김용민이 아니라 그들의 비리와 무능에 분노한 시민들, 저들이 막으려는 것은 그것. 시답지 않은 우리 네 사람에게 가해지는 이런 압박이 결국은 시민에 가해지는 폭력임을 매일 매일 온몸으로 느낀다. 이 나쁜 정권에 너무 화가 난다. 검찰 소환조사를 마치고 검찰청사를 나서면서 내가 내린 결론은 하나다. 어떤 싸움이라도 하겠다. 그리고 이기겠다. 이 커다란 몸이 방패가 되겠다. 물론 '지역구 사유화', '정치의 희화화' 등 비판이 있다는 것도 안다. 그런 비판은 어깨 위에 짊어질 것이다. 그런 비판에 대한 두려움보다 공포 속에 가두어질 우리의 권리를 지켜내는 일이 더 절박하다. 정봉주의 빈자리에서 시작하는 저의 싸움을 고작 지역구 하나 지키는 일로 여기지 말아 달라. 그런 작은 이익은 안중에도 없고, 우리 네 사람이 그 정도로 천박하지 않다. 큰 싸움하러 간다. 어떤 선거를 치르는지 그 과정을 지켜봐 달라. 깊은 고민만큼 의지도 강하다. 내가 할 수 있는 최선의 방법으로 이 정권과 맞장을 뜨겠다."

이후 선거판은 말 그대로 아수라장이었다. 정봉주의 수감으로 '무주공산'이 되자 민주통합당 예비후보로 5명이 이미 출사표를 던진 터였다. 그런데 어느 날 갑자기 '전략공천'이라는 명목으로 내가 낙하산 타고 낙하하자 '용민아 꺼져꺼져 뿌잉 뿌잉' '낙하산 후보 김용민은 특전사로 가라' '돼지야 경선하자' '봉주 각하 사유지냐 세습정치 물러가라'며 강력히 반발했다.

물론 나꼼수를 응원하던 전국 각지의 지지자와 자원봉사자들의 성원이 이어졌다. 선거비용을 마련하기 위해 선거 펀드를 했는데, 법정한도를 꽉 채웠을 정도다.

초반 선거 국면은 나쁘지 않았다. 첫 여론조사, 한겨레와 한

국사회여론연구소의 결과 치는 근 10% 가까운 격차로 김용민이 앞서는 것으로 나타났다. 그러다가 이른바 막말 파문이 터진다. 2004년 인터넷방송 라디오21에서 했던 나의 발언이 구실이었다.

"미국에 대해서 테러를 하는 거예요. 유영철을 풀어가지고 부시, 럼스펠드, 라이스는 아예 강간을 해가지고 죽이는 거예요."

발칵 뒤집히자 김어준은 내 공릉동 자취방으로 전화를 걸어와 절대로 "사과하지 말라"고 했다. 이유는 사과는 논란의 끝이 아니라 시작이고, 저들이 이를 빌미로 전체 선거 쟁점으로 이어갈 것이라는 것이었다. 그러나 나는 단호했다.

"논쟁이 그치지 않겠지요. 그러나 공직선거 후보자가 할 일은 해야지요. 솔직히 '아무개를 강간하자' 이러는 사람에게 표를 줄 수는 없는 노릇이잖아요. 그걸 사과 안 하면, 저는 설 자리가 없어요."

그러자 김어준은 "그때 했던 발언은 미군의 전쟁범죄를 비난했던 것이며 그런 취지를 왜곡하지 말라고 하라"고 했다. 그러면서 한마디 덧붙였다. "내 말 제대로 들어라. 도망가지 마라. 피한다고 될 일이 아니야." 그러나 나는 사무실로 나가서 '사과' 영상을 촬영했다.

전쟁은 당사자인 나 말고도 김어준과 주진우도 치열하게 치렀다. 이들에게 나의 후보 사퇴를 독촉한 것이다. 민주통합당 인사가 발신인인 전화를 붙들고 싸우는 그들의 모습은 일상사였다.

김어준   (전화 받음) 여보세요, 네, 후보 사퇴시키라고요? (공격적으로) 그래서요, 어떻게 하라고요, 사퇴하면 원점으로 돌아가나요? 민주통합당이 애초의 기대치대로 압승하나요? (잠시 듣더니 화를 버럭 내고는) 후보가 본인 입으로 해명할 수 없는 (그러면 무척 민망한 자기변호가 되는) 것을, 당이 한 번이라도 대신해서 말해본 적 있나요? 화살 맞는 후보한테, 자살하라고……. 시발…….

주진우   (전화 받음) 주진웁니다. (달래듯) 누나, 아니 의원님, 우리 논리적으로 이야기해요. 아무리 살벌한 선거판이라도 이성을 잃으면 안 돼요. 의원님도 김용민 같은 초선 정치지망생이 선거판을 좌지우지한다고 보세요? (좀 듣다

가) 아니, 내 말 똑바로 들으세요. 민주당 당 지도부는
혹시 초선 후보 혼자에게 이 국면을 바꿔달라고 목 내
놓고 바라만 보고 있는 것 아닌가요? (화를 내며) 그니까
민주당이 책임을 회피하려는 의도 아니냐, 이겁니다!

당시 대단했다. 특히 접전지였던 강원도 충청도에서는 김용
민 때문에 지니 속히 사퇴시켜서 손절매하라는 요구가 빗발쳤
다. 당 관계자를 만난 김어준 주진우의 당시 대화 내용.

당 관계자   김용민 후보, 사퇴하게 해주십시오.

김어준   공천을 준 당에서 후보에게 찾아가서 하실 일입니다.

주진우   (버럭) 아니면! 출당시키면 됩니다. 그러면 됩니다. 당에
               버거운 짐이 된다면 과감하게 출당하세요. 그러면 될
               거 아니에요?

당 관계자   저희가 출당을 하게 되면, 선거 국면에서 도움이 안 되
               니까…….

김어준   그러니까 기존 지지층이 실망할 것이라고 보시는 거군
               요. 그래서 아예 스스로 사퇴를 하면, 민주당으로서는
               손 안 대고 코푸는 격이고요. 맞지요?

실제로 그 무렵 나에게도 당내 유력 인사가 전화를 걸어와 '사퇴를 하되 민주당 지지선언을 해 달라'는 주문을 했다. 막말 파문이 이렇게 정점으로 치솟던 어느 날, 지역위원회 사무실로 돌아오던 나를 입구에서 붙잡은 오광택 사무장(현 서울 노원구의회 의원)은 "김어준 총수와 주진우 기자가 왔는데 혹시 사퇴를 요구한다면 절대로 응하지 말라"고 당부했다. 그만큼 상황은 긴박했고 사퇴는 언론에 의해 '초읽기'라는 표현으로 기정사실화됐다.

문을 여니 김어준과 주진우는 활짝 웃고 있었다. "고생 많다. 돼지야……. 하하하" "얼마나 힘들어? 밥은 먹었어?" 이 웃음의 의미는 무엇일까. 단도직입적으로 물었다.

김용민 어쩐 일로 오셨어요? 혹시 사퇴…….

김어준 음 사퇴……. 하지 말라고. 씨발 그냥 가는 거야. 네가 좀 고달파도 할 수 없다. 그냥 버텨라.

주진우 대한민국이 김용민 너만 바라본다. 뭐 이런 선거가 다 있냐? 나 참…….

김어준 화살 다 맞아라, 할 수 없다. 그리고 네가 출당될지도 모르겠다. 그래도 버텨.

주진우 민주통합당이 그런 당이다. 정봉주 봐라. 어디 정봉주가 일신의 영달을 위해 BBK 갖고 싸웠냐? 당을 위해 싸웠잖아. 하지만 재판받을 때 정봉주 혼자 남았어. 그러다가 나꼼수 때문에 인기 좀 얻으니까 당에서는 정봉주를 두고 서로 친한 척 했지, 그래서 너 공천도 했지, 그런데 이제 봐라. 조금이라도 도움이 안 될 것 같으니까 너를 무슨 염병 옮기는 사람처럼 취급 하잖냐? 이런 당이다……. 이런 당이 집권하는 게 기적이다, 젠장…….

김어준   할 수 없다. 하여간 흔들리지 마라.

김용민   네, 그러지요.

김어준   내일 부산 가자.

김용민   부산이오? 부산을 왜…….

김어준   가서 총선 전 마지막 녹음해야 해. 문재인 후보가 서울 못 온다고 해서 우리가 가는 거다. (선거판 사정이 좋은) 박지원, 노회찬 두 사람도 올 거다. 저녁 7시까지 서울역으로 와라.

4월 6일 금요일 늦은 밤 부산역에 당도한다. 영도 스튜디오로 향하는 셋은 택시에 몸을 싣는다. 앞자리에 나, 뒷자리 김어준, 주진우가 있었다. 라디오 뉴스가 흘러나왔다.

　"선거 막판 최대 변수가 된 김용민 막말 파문에, 민주당이 곤혹스러움을 감추지 못하고 있는 가운데 새누리당은 압박의 강도를 높이고 있습니다."

　야권지지 성향의 기사였나 보다. 그는 장탄식을 하더니 "김용민 때문에 선거 다 망했어요. 뭐 그런 깜도 안 되는 놈을 후보로 내보내서……." 나는 여기에 대해 이렇게 답했다. "글쎄 말입니다. 나꼼수 바람이라는 아무 가치 없는 유행에 편승해서, 자질이 안 되는 후보를 내세웠다가 이 꼴을 당한 거지요. 이번 선거 싹 망했어요. 김용민 개새끼." 김어준 주진우의 키득거리는 소리가 들렸다. 나는 하차하며 그 아저씨에게 '죄송하다. 내가 김용민이다'라고 한마디 했다.

　이후 과정은 독자들이 아는 바대로다. 나는 졌다. 3만4015표 (43.97%)를 얻는데 그쳐 3만8861표(50.23%)를 획득한 이노근 새누리당 후보에게 밀렸다. 사실 지나치게 앞서 간 캠프 사무장은 '당선 감사' 플래카드까지 준비하려고 했었다. 서울 종로구 동숭동에 설치한 카페 벙커1도 당일 오픈을 겸하며 선거승리 축하행사를 하려 했던 모양이다.

　패배가 확정된 시점, 김어준이 내게 전화를 걸어왔다.

　"벙커1으로 와라."

　야속했다. 자기 일 아니라지만 낙선에 더해 총선패배 책임의 짐까지 얹게 된 나에게 오라니. 김어준의 요구는 또 있었다.

　"그리고 발언해라. 못할 이유가 없지!"

　선거가 끝났는데 끝난 게 아니었다. '여당승리 공로'를 나에게 몰아줬으니 알만하지 않겠는가. 며칠 뒤인 4월 29일 한강시민공원 반포지구에서 열린, 김어준이 기획하고 탁현민이 총연출한 용민운동회에서 나는 '대선 불출마 선언'을 한다. 참 뜬금없긴 하지만 내 나름의 돌파구였다. 그 무렵은 차제에 불씨가 돼서는 안 된다는 판단에 나꼼수 영향력을 죽이기 위한 여당의, 총선 패배의 책임을 전가하기 위한 야당의 김용민 선거 책임론이 맹위를 떨치던 상황. 나꼼수나 나를 위해서가 아니었다. 이런 식이라면 차후 중요선거에서 제2, 제3의 막말 스캔들 주인공을 찾아 공작을 펼칠 게 뻔한 '수'를 초장에 무력화시킬 필요가 있었다. 막말에 대한 공세는 여당 정략에 따른 것임을 분명히 해두는 것이다. 사실 8년 전에 했던, 당사자도 기억 못하는 발언을 갖고 추궁할 때에 과연 온전할 야권 인사가 어디 있겠나.

보수 진영의 공격은 그렇다 치더라도 김용민 사태는 진보 지향적 지식인과 언론의 융단폭격이 가해졌다. 일정부분 동의할 것도 있겠지만 대부분이 김용민 사태를 과대포장하여 비판을 위한 비판을 했다.

그리고 포연이 어느 정도 가신 후 김어준은 2011년 4월 27일자 한겨레 인터뷰에서 이렇게 밝혔다.

"우리는 오로지 이 국면에서 어떻게 하면 정권교체를 이뤄낼 수 있을까, 또 거기에 필요한 자원은 무엇인가 하는 점에서 생각하고 행동한다. 나꼼수 비판에 큰 관심을 두지 않는 것은 이를 무시해서가 아니라 실제 선거에서 이기거나 지거나, 정권을 교체하거나 말거나 하는 이 국면에 그들이 끼칠 영향이 없기 때문이다."

김어준의 시침은 이미 12월 19일에 치러질 대선을 향하고 있었던 것이다.

박지만과의
진실공방을
벌이다

"배심원들에게 요청합니다.
의심이 가면 끝까지 취재해서 기사를 쓰는 기자가 필요한 게 아닌가 생각합니다.
그런 기자가 많지 않습니다. 아니 거의 없습니다.
대한민국에 이런 기자가 한 명쯤은 있어야한다고 생각합니다."

대선 국면 또 그 이후 나꼼수를 향한 정권의 압박은 전방위에서 가해졌는데, 그 대표적인 사례가 대선이 끝나고 2년 동안 김어준과 주진우를 재판으로 옭죄는 '박지만 씨 오촌 피살사건'이 아닌가 싶다. 2015년 1월에 있었던 2심까지 '무죄' 선고를 받으며 퍼펙트 승리로 이끌고 있지만 대법원 판결을 예단하기는 쉽지 않다.

일단 이 사건의 개요부터 짚어본다. 박지만. 한때 큰누나 박근혜와 사이가 안 좋았다. 육영재단 소유권이 단초였다. 1990년 당시 박지만의 작은누나이며, 박근혜의 동생인 박근령이 박지만과 함께 청와대에 서신을 보낸다.

"노태우 대통령 각하. 진정코 우리 언니 박근혜는 최태민 목사에게 철저히 속은 죄 밖에 없습니다. 이렇게 철저하게 속고 있는 언니가 너무도 불쌍합니다. 저희들에게 힘과 용기를 줄 수 있

는 분은 오직 노태우 대통령 각하 내외분뿐입니다. 최태민 목사
는 아버님 재직 시에 아버님의 눈을 속이고 언니의 비호 아래
치부했다는 소문이 있습니다. 아버님이 돌아가신 후 자신의 축
재 행위가 폭로될까봐 계속해 언니를 자신의 방패막으로 삼아
왔습니다. 최태민 목사는 우리 가족이 핵심이 된 각종 육영사
업, 장학재단, 문화재단 같은 추모사업체에 깊숙이 관여해 회계
장부를 교묘한 수단으로 조작하여 많은 재산을 착취했습니다.
최태민 목사는 경비원을 언니에게 붙여 우리 형제들과 완전히
차단시키고 있습니다."

　　참고로 최태민의 사위가 박근혜의 최측근으로 통하는 정윤
회다. 최태민은 1994년 세상을 떠난다. 육영재단 경영권을 놓고
최태민 대 박근령의 대결구도는, 박근혜 대 박근령의 대결구도
로 바뀌는 듯 보였다. 그런데 2007년, 박지만은 작은누나 박근
령 편을 떠나 큰누나 박근혜 쪽에 붙는다. 갈등상은 더욱 깊어
졌다. 조직폭력배와 불법용역요원들까지 동원된 폭력 사태는 그
즈음에 벌어진 일이다.

　　박지만의 최측근이 있었다. 박용철이다. 그는 박정희의 둘째
형 박무희의 손자다. 박지만과는 5촌 사이가 된다. 그런 박용철

이 2007년 중국 칭다오를 간다. 그곳에는 박근령의 남편 신동욱
이 있었다. 훗날 신동욱은 박지만이 박용철을 시켜서 자기를 죽
이려 한다고 주장했다. 육영재단 강탈을 위한 목적이라며 말이
다. 또 박지만이 허수아비 역할이고 배후는 박근혜의 주변 사람
들이라고 강변했다. 박근혜·박지만 두 사람은 신동욱을 명예훼
손·허위사실유포로 고소했다. 재판 결과는 신동욱의 패.

　허무하게 끝날 줄 알았던 이 사건은 그런데 새 국면을 만난
다. 재판 내내 박지만에게 불리한 증언을 하지 않은 박지만 편
박용철이 2010년 9월 1일에 육영재단 전 법무실 부장 이 모에
게 "신동욱을 제거하라는 지시를 박지만에게 받았으며 실행에
옮겼다"면서 "박지만의 지시를 담은 육성 녹음이 있고 자기한테
통장으로 돈이 들어온 것도 증빙할 수 있다"고 말했다고 한다.
이게 이 모 주장이다. 사실이라면 대반전이 전개될 것이다.

　그래서 신동욱 측은 2010년 9월 27일부터 지속적으로 박용
철을 증인으로 신청했다. 그런데 1년 정도 지난 2011년 9월 6일
박용철은 서울 북한산국립공원사무소 수유분소 앞에서 발견된
다. 얼굴과 배가 칼날에 수십 차례 난자되고 두개골이 함몰된
시신 상태로. 너무나 참혹했다. 그냥 찌른 것이 아니라 배를 마
구 후벼 팠다. 사망을 확인하기 위해서 장도리에 머리를 세 차

례 내리쳤다. 누구의 소행일까. 박정희의 형 박무희의 손자이며 박용철의 사촌인 박용수가 자기가 죽였다고 주장했다. 유서에서 말이다. 그는 인근에서 목 매 숨진 채 발견됐다.

유가족은 도저히 수긍할 수 없다고 했다. 박용철과 박용수의 관계가 좋았고 당연히 원한이 틈 탈 여지가 없었다는 것이다. 그 근거로 박용철이 찜질방을 운영할 때에 박용수로부터 사업자금을 받기도 했다고 한다. 게다가 사건 전날 두 사람은 함께 술을 마셨다. 물론 이 정도 정황 설명으로는 부족하다. 유가족이 모를 사정이 있을 수 있다는 말이다.

그러나 박용수가 박용철을 살해했다고 보기에는 의심이 든다. 박용철은 105kg 거구에다 폭력전과 6개가 있었고, 박용수는 167cm의 키에 70kg이 조금 넘는 체형에다가 남들에게 싫은 소리를 못하는 온유한 성품이었다. 폭력경험도 없는 사람이 사촌 형을 살해했다는 것도 이상하거니와, 전문킬러나 할 수 있는 '내장 칼집'까지 범했다는 점은 의구심을 증폭시키기에 충분하다.

그렇다면 진상 규명이 필요할 테고 박용철을 살해한 것으로 알려진 박용수의 유서가 본인 것인지 짚어봄으로써 실마리를 잡아야 한다. 경찰은 과거 박용수의 필적과 대조해봤는데 확인이 어렵다고 결론 내렸다. 주진우가 따로 사설 검증원에 맡겼다. 그리고 나온 결과, "확증할 수 없지만 서로 같은 필체는 아닌 것 같아요. 내용도 수상해요."였다. 게다가 유서 내용은 '화장해서 바다에 뿌려주세요. 절대 땅에 묻지 마세요.'인데 갑자기 자살하는 사람이 남긴 유서라고 보기에는 모든 걸 묻어버리려는 느낌이 짙어 보였다.

이를 취재한 주진우는 봉주 24회 '으스스한 가족 이야기'에서 "박용수의 시체를 부검한 결과 설사약이 나왔어요. 몸에 알약이 들어가면 30분이면 녹는데 알약이 그대로 남았다는 것은 자살하기 20분 전에 먹었다는 의미지요. 사촌형을 잔인하게 살해하고 자살을 결심했는데, 목을 매달기 20분 전에 설사약을 먹는다? 이걸 어떻게 설명할 수 있을까요?"라고 의문을 표했다. 또 "게다가 박용철의 시체를 부검했더니, 수면제 성분이 검출됐어요. 즉 박용철은 항거불능인 상태에서 칼과 장도리 등으로 가격당해 죽었다는 뜻이지요. 박용수의 시체에는 목과 팔 무릎 곳곳에 긁힌 상처가 있는데 목을 매달기 전에 누군가와 몸싸움을 벌였다는 증거가 아닐까요?"라고 했다.

그밖에도 도저히 이해할 수 없는 상황이 있었다. 계속된 주진우의 진술.

"살해했다는 박용수의 가방에서 발견된 칼에는 죽은 박용철의 피 흔적이나 박용수의 지문이 검출되지 않았습니다. 피살사건현장에서 60미터 떨어진 개천에서 발견된 다른 칼에는 박용철의 혈흔이 검출됐지만 박용수의 지문은 없었습니다. 피살사건현장에서 박용철의 휴대전화가 사라졌어요. 살인교사가 녹음됐다는 핸드폰이 없어진 겁니다. 길을 지나가던 사람이 처참하게 살해된 사람의 시체에서 휴대전화만 빼갔을 것이다?"

이 사건을 기사화한 주진우 기자에게 새누리당 대선후보 박근혜의 친척이라는 사람이 휴대전화 메시지로 추가적인 정황을 알려줬다고 한다.

"1, 피살현장에 도착했을 때는 이미 물청소를 해서 너무 깨끗했다. 2, 피살현장이 아니었는데도 경찰은 박용수가 머물던 여관에 접근하지 못하게 했다. 3, 박용수는 평소에 술을 잘 마시지 않는데 왜 대리운전을 불렀는지 모르겠다고 했다."

주진우는 보도 직후 박지만에게 고소당한다. 주진우의 말을 거들면서 방송했던 김어준도 덩달아 피소됐다. 물론 방송에

서 김어준이 거듭 강조했던 것은 "이들의 죽음이 꼭 박지만과
연관됐다는 말은 아니다"였음에도. 1심을 앞두고 두 사람은 국
민참여재판을 신청했다. 대중의 상식으로 기자의 의심이 합리적
인지 취재가 법적 재단(裁斷)의 대상인지 물어보겠다는 취지다.
사실상 당일에 모든 게 판정 나는 재판. 당시 주진우의 최후진
술이다.

"참 무서운 취재 많이 했습니다. 중국에 밀입국 취재하려고
같이 하다가 죽을 뻔 하기도 하고. 국정원쪽 취재하다가 30명한
테 맞아 죽을 뻔 하기도 했습니다. 조직폭력배들의 죽이겠다는
소리는 괜찮은데 이 사건은 정말 무서웠습니다. 형제 간에 조폭
을 써서 싸운다고 해서 마음이 안 좋아서 관심이 갔습니다. 그
후 한센인을 동원해서 분쟁이 있었다고 듣고 잊었습니다. 굉장
히 어렵게 취재하고 기사를 썼습니다. 무서운 기사 무서운 취재
안 해야 하는데 그래도, 그래도 앞으로 하려고 합니다."

다음은 김어준의 최후진술.

"고민이 많았습니다. 어떻게 이야기를 해야지 우리에게 유

리할까. 자살현장 살인현장에서 무슨 일이 벌어졌는지 내가 알고 있는가! 솔직히 잘 모르겠습니다. 그때 정말로 박용철이 박용수가 둘이, 피살 또 자살을 했는가? 저도 잘 모르겠어요. 저만 모르는 게 아니고! 사실은 저희에게 계속해서!! 죄가 있다고! 거짓말 한다고! 주장하는 검찰 측도 모릅니다! 왜냐면! 그날 우리가 거기 있지 않았거든요! 그래서 알고 있는 이야기만 해야겠다 생각했습니다. ……두 번째 이유는 우리에게도 이런 기자가 있다는 걸 알려주고 싶었습니다. 한 번은 제가 물어봤습니다. △무섭지 않냐고. =무섭다. 특히 혼자 집에 돌아갈 때 망치로 뒤통수를 치는 상상을 한다. 즉사하지 않고 불구가 돼 가족들에게 평생 짐이 될까봐 무섭다. 나중에 다시 물었습니다. △그런데 왜 그 짓을 계속하느냐. 바로 대답을 못하더군요. 한 번도 생각해보지 않은 거죠. 한참을 생각하더니 =뭐, 기자잖아요. 그러라고 있는 게 기자 맞잖아요. 배심원들에게 요청합니다. 의심이 가면 끝까지 취재해서 기사를 쓰는 기자가 필요한 게 아닌가 생각합니다. 그런 기자가 많지 않습니다. 아니 거의 없습니다. 대한민국에 이런 기자가 한 명쯤은 있어야 한다고 생각합니다."

1심은 무죄 판결이 났다. 2013년 10월 24일 새벽. "주진우…

김어준, 국민참여재판서 무죄, 검 '이런 사건을 참여재판하는 게 맞나'"(조선일보), "나꼼수 무죄, 법리·팩트보다 감성 평결"(중앙일보), "상식에 어긋나는 국민참여재판의 나꼼수 무죄"(동아일보). 재판 결과에 대한 조중동의 기사와 사설 제목이다. 법리를 모르는 배심원이 감성에 휘둘려 잘못된 판단을 했다는 식의 주장이었다. 이게 다 심금을 젖게 한 김어준의 최후진술을 고려한 듯 보였다.

그러나 국민참여재판도 아닌 2심은 어떠했을까. 1심에서 집행유예를 선고받았던 국정원 댓글 사건의 주범 전 국정원장 원세훈에게 항소심에서 실형 선고를 내리고 법정구속을 한 김상환 부장판사가 맡았다. 나는 그의 판결문 낭독이 이어진 한 시간 동안 서서 들었는데 한마디로 '빈틈없다'는 찬사가 저절로 나왔다. 이런 내용이었다.

"검사도 인정하는 것처럼 이 사건 기사 및 방송에서 박용철 살해 사건에 박지만이 연루되었다는 취지의 단정적 표현은 사용되지 않았다. 피고인들은 박용철 살해 사건에 관한 여러 의혹을 제기했을 뿐이다. 의혹 제기가 납득할 만한 것인지 아니면 무리한 논리 구성으로 외면 받을 만한지는 독자나 청취자의 판단몫으로 남겨져 있다."

타당한 근거로 제기한 합리적 의심은 수사기관이 판단해 처벌 여부를 결정할 대상이 아니란 이야기다. 주진우는 이 사건 때문에 2013년 5월 14일 구속영장이 청구된 바 있었다. 실질심사를 받으러 가기 전 기자들 앞에서 했던 말이 있다.

"저는 기자로서 열심히 했다는 것을 말하고 싶습니다. 기자로서 열심히 하는 것이 죄가 된다면 받아야죠. 시대가 그렇다면 어쩔 수 없죠."

당연히 검찰은 '빅엿'을 먹은 셈이다. 검찰의 무분별한 기소의 문제점도 판결문에서 지적된 바다.

"사회적으로 허용되는 취재 방법에 따른 언론 보도에 너무 쉽게 형사법적 문제 제기가 허용된다면, 공론 장에서 진지한 토론이 이루어지길 기대하는 행위마저 스스로 망설이게 할 것이다. 결국 중요한 헌법적 가치를 지닌 언론의 자유가 위축될 우려가 있다."

법리 때문이라면 검찰이 이랬을 리 없다. 고소 주체(박지만)가 그들에게 가장 우선된 고려 대상은 아니었을까. 실질심사 받으러 간 자리에서 했던 또 다른 말.

"(박근혜 대통령의 친척 간 살인사건이) 박근혜, 박지만이라는 이름이 들어갔다는 이유만으로 수사가 제대로 되지 않았습니다. 그래서 2년 넘게 열심히 취재해서 충실하게 보도했습니다. 그 어떤 기사보다 어렵고 힘들었습니다. 사실 굉장히 위협도 많이 받았습니다. 살해 위협도 많았습니다."

그러나 재판은 두 사람의 입과 발을 묶기에 충분했다. 그들의 법정 대리인인 변호사 김용민은 이런 견해를 피력했다. "1·2심 모두 무죄가 나왔지만 주 기자 등은 2년 가까이 재판에 신경을 쓰느라 취재 활동을 제대로 못했다. 언론인의 비판적 역할을 축소시켰다는 것만으로 검찰은 소기의 성과를 거뒀다." 사실 그들은 손해 볼 일이 없었다.

문재인에게
반하다

김어준이 언급한 '애티튜드'란 무엇일까.

숱한 진보 지식인의 공세에 대해 김어준이 사실상 무시했던 것도 그네 논리의

출발점이 '내가 옳음을 입증 받고 싶어 하는 욕구'임을 알고 있기 때문이다.

이 욕구를 딱 까놓고 따지지 않는 한 그 어떤 공론의 장도 무의미하며

소모적일 뿐이라는 판단이었다. 문재인에게는 이런 게 없다고 본 것이다.

2011년 7월 30일 토요일, '노무현 비서실장' 출신이자 당시 노무현재단 이사장 문재인의 새 책『운명』의 북콘서트에서 김어준이 사회를 봤다. 김어준은 주빈(主賓)인 문재인을 앉히자마자 이렇게 말문을 열었다.

"(나는) 2009년에 '2년 후에 문재인이 뜬다'고 했다. 그럴 때 굉장히 많은 사람이 비웃었다. 그런데 지금 그 말이 사실이 되니까 조소했던 자들이 와서 '놀라운 지식의 혜안'이 어떻게 가능했는지 묻는다. 이런 거다. 원래 메가트렌드는 그 이전의 결핍을 만회하는 것이다. 꽃미남이 뜨고 나서 잘 생긴 얼굴이 질려 짐승남이 부각됐고, 신체 조건에 세련미가 더해진 차도남이 다음 대세를 형성했듯. 지금 현재 우리의 각하(이명박)에게 매우 넘치게 많은 품성이 무엇이냐. 사사롭고, 거짓말 잘하며, 약속 지키지 않고, 국가를 수익모델로 삼으며, 뇌에 구김살이 없다는 점이다.

다음에는 당연히 각하의 결핍을 메울 사람이 지도자가 될 것이다. 나는 그게 바로 문재인이라고 본다. 나는 『운명』, 이 책을 읽지 않았다. 왜냐. 문재인이 훌륭한 걸 아는데 그걸 알려주려는 이 책을 굳이 읽을 필요가 있느냐 이 말이다."

한겨레 2011년 1월 6일자 '특집 인터뷰, 김어준을 만나다'에서도 같은 맥락의 김어준의 주장을 접할 수 있다.

"그런데 웬 문재인? '박근혜가 선점한 바로 그 지점에서 유일하게 우위에 설 수 있는 사람이다. 겸연쩍어할 줄 알지. 그리고 남자다워. 기면 기고 아니면 아니라는 건데, 더욱이 경우에 바르고. 이거 대단히 드문 자질이거든. 그 점에서 노무현과 닮았어. 다만 수줍지. 수줍은 노무현. 그런데 본인은 자기가 가진 폭발력을 전혀 모른다는 거. 그런 사람이 진짜라는 거고.' 취조하려 불러놓고 빠져들고 있다. '여자라면 사귀고 싶은 남자기도 하지. 수줍고 손가락 길고 하얗고…….' (웃음)"

어차피 인상비평이다보니 김어준의 인물관은 여론조사나 정치역학관계의 영향을 받지 못한다. 물론 그것이 필요 없어도

될 자기 나름의 안목이 있을 테다.『창작과비평』2011년 겨울
호, 김어준의『닥치고 정치』에 대한 한겨레 정치부 김보협 기자
의 평이 실려 있다.

"김어준은 '선거에서 당선이란 정치인이 대중들 마음속에
차곡차곡 쌓아왔던 부채의식, 그 빚을 한 번에 찾아가는 것'이
라고 설명한다.…… 그가 정치와 정치인을 읽는 코드는 독창적
이다. '정치를 이해하려면 결국 인간을 이해해야 하고 인간을 이
해하려면 단일 학문으로는 안 된다. 인간은 그렇게 간단하지 않
다. 팩트와 가치와 논리와 감성과 무의식과 맥락과 그가 속한 상
황과 그 상황을 지배하는 프레임과 그로 인한 이해득실과 그 이
해득실에 따른 공포와 욕망, 그 모두를 동시에 같은 크기로 받
아들여야 한다. 그리고 그것을 통섭해야 한다' 자신은 그걸 한다
고, 주장한다."

김어준이 문재인을 주목한 것은 2009년 전 대통령 노무현
영결식 당시. 가수 장재인 만큼도 존재감이 없는 그에게서 가능
성을 발견했었다. 다시 북콘서트에서의 그의 발언을 들어보자.

"그때 백원우 민주당 의원이 말 폭탄 던져 사람들이 속시원해 할 당시는요. 피아(彼我)가 확실히 구분되는 상황이었지요. 문재인은 각하에게 가서 사과합니다. 그런데 그걸 보고 화가 나는게 아니고 '경우에 바르다', '타고난 애티튜드(Attitude, 태도)다' 하는 생각이 들었어요. 그 애티튜드는 박근혜도 가지고 있지요. 그때 알았어요. '이 사람이 박근혜와 대결할 수 있는가. 그렇다.' 그 생각은 지금도 같아요. 그때 벌떡 일어나 말했어요. '저 사람이야!'"

이때 문재인은 "김어준 총수가 저를 두고 처음 공개적으로는 '다음에 나서면 된다'고 말씀하신 분이에요"라고 말했다. 대선 출마 여부에 대해서는 아무 확답을 안 했지만.

이듬해 2009년 말. 김어준은 노무현재단의 소식지 〈사람 사는 세상〉 2010년 신년호에서 문재인의 인터뷰어 역할을 청탁받았다. 두 사람은 2시간여 만났는데 썰렁한 분위기 속에서 모임을 파했다. 김어준의 질문은 다양했으나 한 맥락이었다. "출마 안 하시나요?", "출마를 요구하면 어떻게 하실 건가요?", "만약 당선 가능성이 유일해서 출마를 요구하면 그때도 거절하실 건가요?"

이에 문재인은 "그런 상황 자체가 없을 것이다"라며 단언하고, 손사래를 치며, 나중에는 온몸으로 부동의(不同意) 의사를 밝혔다. 그러나 얼굴색 하나 안 바뀌고 같은 질문을 계속하며 이죽이죽 웃는 김어준에게 당해낼 도리가 없었다. 그렇다고 농담으로라도 "집에 가서 고민해보겠다"며 물릴 문재인도 아니었다. 문재인 인터뷰는 결국 실리지 못했다. 동어반복을 빼면 대담 내용이 고작 서너 줄이 불과했으니. 『운명』을 내고 토크 콘서트를 열어 대중 앞에 성큼 나섰던 2년 뒤 문재인은 한결 유연해진 태도로 바뀌었음에도 불구하고 "많은 분들이 저를 대안이라며 기대를 거시는데, 이건 기성정치에 대한 불신에서 비롯된 것이지요. 제가 과연 대안이 될 만한 능력과 자격 있는지 의문입니다"며 유보적 태도를 취했다.

김어준이 언급한 '애티튜드'란 무엇일까. 단순히 예의 바름으로 규정한다면 한정된 분석이다. 강준만이 화두를 내걸기 이전부터 김어준은 '싸가지 없는 진보' 이론을 펼쳤다. 이 '싸가지 없음'은 옳은 것을 예의 없게 말한다는 그런 맥락이긴 하지만 김어준은 '내가 옳다는 것을 입증하는 것을 우선시하는 태도'에 뿌리를 두고 있다. 숱한 진보 지식인의 공세에 대해 김어준이 사실상 무시했던 것도 그네 논리의 출발점이 '내가 옳음을 입증받고 싶어 하는 욕구'임을 알고 있기 때문이다. 이 욕구를 딱 까놓고 옳고 그름을 따지지 않는 한 그 어떤 공론의 장도 무의미하며 소모적일 뿐이라는 판단이었다. (2014년 10월에 나온 〈주간 경향〉 1098호에서 '진중권 등 이른바 진보비평가의 비판에 대해 어떻게 생각하는가'라는 질문을 받은 김어준은 딱 두 마디의 답만 남겼다. "각자 제 몫을 하는 것이다. 당연해서 관심이 없다.") 문재인에게는 이런 게 없다고 본 것이다. 그 적나라한 표징이 친구 노무현을 죽인 원흉으로서 꼴리는 대로라면 '원 펀치'를 날리고 싶은 이명박에게, 도의와 사리를 위해 고개를 숙인 데서 나타났다는 것이고.

'애티튜드'는 나꼼수 제작에서도 중요한 기제였다. 『고통의 시대 광기를 만나다』에서 최규창은 이렇게 말했다.

"김어준은 '태도부터 콘텐츠다'라고 말한다. 이것은 콘텐츠라기보다는 콘텐츠의 생성이나 전달 방법이라고 보는 것이 이해하기 편할 것 같다.……(그는) 덕 볼 생각을 하지 않는 자세라고 말한다. 잃을 것이 많거나 잃을 것이 많아지면 올바른 태도를 취할 수 없다. 못 얻거나 잃을 것에 대한 두려움이 기득권의 사람들을 움직이는 힘이다. 덕 볼 생각이 없는 사람들은 기득권이 조종할 수 없기 때문에 두려운 사람들이 된다. 그런 위에 있어야 자신들이 할 말을 모두 할 수 있다는 것이다."

문재인은 파벌도 조직도 야망도 없기에 가장 순도 높은 애티튜드가 가능하다는 판단이다. '자기가 중요하지 않다'는 것은 한국 정치 풍토에서는 이것의 결핍으로 작용한다. 예나 지금이나 문재인에게 망령처럼 따라붙는 구실, 바로 '권력의지 부재'다. 이것은 박근혜 대통령 당선을 신념을 담아 확언했던 정치학박사 고성국의 주장이기도 했다. 이에 대해 김어준은 "고성국은 권력의지를 좁게 해석하는데 '나여야만 한다'는 신념은 문재인에게는 없다. 보통사람과 같은 것이라면 (나는 차기 주자감으로) 문재인을 택하지 않았을 것"이라고 했다. 이 말은 『닥치고 정치』에서 부연된다.

"바로 거기에 문재인이 가진 힘의 본질이 있기 때문이야. 나는 물론 문재인이 나와서 대통령이 되면 그 역할을 잘해낼 거라 믿어 의심치 않는 사람이야. 그래서 앞으로도 계속 출마해야 한다고 열심히 떠들어댈 거야. 하지만 내가 만나보고 이해한 문재인은 보통사람들하고는 의사결정의 프로세스 자체가 달라. 어떤 결정이 내게 어떤 이익을 줄 것인가, 이런 건 아예 고려 대상 자체가 안 되는 사람이야. 보통사람들은 그것이 내게 되돌려줄 이익부터 생각하게 되어 있잖아. 그런데 문재인은 그런 프로세스 자체가 없어. 왜 그런 인간이 되었는지는 나도 몰라. 그냥 그런 사람이 있어. 어쩔 거야. 있는데……범인들은 믿지 못하겠지만,……어떤 이념이나 이익으로도 도달할 수 없는 고결한 인간의 정신이다. 그리고 바로 그런 게 사람들이 원하는 정치의 본질이다. 모두의 행복을 위해 혼신을 다하되, 그 안에 정작 자기는 없는 거."

그런데 문재인은 2015년 현재 차기 대권 주자 1위에 제 1야당 대표지만, 대선 패배 및 2015년 4월 29일 재보선 완패의 최고 책임자다. 문재인 리더십에 대한 호남 민심의 낮은 평판이 표로써 확인이 됐고 이 태세를 동력 삼는 이른바 '비노'의 강력하고도 지속적인 저항이 이어지고 있다. 안철수가 탈당하는 등 내홍의 상처가 깊다. 아직 내홍의 끝이 보이지 않는다. 최대 위기다. 김어준의 애초 비평과 안목은 그릇된 것일까.『닥치고 정치』를 더 읽어보자.

"내가 문재인과 관련해 유일하게 걱정하는 건, 문재인의 자질이니 검증이니 하는 개소리가 아니야. 내가 걱정하는 건, 문재인을 대통령으로 만들겠다면서 그 주변에서 열심히 구상되고 수립되고 있을 기획들이야. 정치 기획의 속성이 그렇다. 가장 최근에 검증된 성공의 공식을 반복하려고 해.……이제 그런 시대는 갔다. 사람들은 뭔가를 완전히 잃고 나서야 비로소 그 본연의 가치를 깨닫는다. 어쩔 수 없어, 세상엔 공짜가 없다. 이명박이 만들어낸 어마어마한 상실감은 정치의 본질이 무엇인지 각성하게 만들었어. 그렇게 정치의 문법이 근본적으로 바뀌고 있다. 이 도저한 흐름을 보지 못하면, 어떤 기획도 문재인을 망친다. 그냥 있는 그대로의 문재인만을 드러내야 해. 어떻게 집권해야 하는지, 구체적 작전, 나도 온갖 담론 동원해 책 몇 권 쓸 수 있다. 믿거나 말거나. 하지만 고전적 의미의 권력의지 시대가 가고 있다. 작전, 하지 말아야 해. 문재인의 본질이 다치게 해선 안 돼, 그건 우리 모두에게 다시 한 번 상처야."

"이념과 명분과 논리와 이익과 작전과 조직으로 무장한 정치인이 아니라, 인간을 인간답게 하는 보편 준칙을, 담담하게, 자기 없이, 평생 지켜온 사람이 필요하다. 시대정신의 육화가 필요하다.……문재인은 단순하고 담백하다. 특전사 나오고 사법연수원 차석 했으나 평생 구조와 프레임에 맞서며 인권변호사 하다가 청와대까지 운영하고도, 자신은 절대 정치하지 않겠다고 첫 사랑인 부인과 시골로 내려간 사람. 그러던 그가 노무현의 운명을, 결국 자신의 운명으로, 역사로 받아들인다. 정치 아니다. 인간 문재인의 도리다. 오로지 자기 안에 자기만 있는 이명박 덕분에 영화에나 나올 이런 정도의 사람을 대통령으로 가질 수 있는 찬스가 온 거다.……노무현이 없었다면 이명박이 얼마나 나쁜지 몰랐다. 노무현으로 인해 되돌아갈 지점을 알게 된 것처럼, 문재인은 또 다른 기준이 된다. 역사는 그런 거다. 그런 기준을 가져 보느냐, 못 가져 보느냐. 이때를 놓치면 절대 안 된다. 이명박을 버텨낸 우리에게는 문재인 정도를 가질 권리가 있다."

    문재인의 패배는 그렇다면 그릇된 기획에 기인한 것일까. 질문을 바꿔 '액면 그대로의 문재인'을 정치 시장에서 어떻게 경쟁력 있는 상품으로 승화할 수 있는가. 시사IN 기자 이오성의 언급은 선거 결과에 관한 의미의 총합이다. "정치는 행위의 '결과'를 극단적으로 중시하는 분야다. 선거에서 이기면 모든 과정이 승리의 드라마로 설명된다. 패하면? 말 한마디, 표정 하나하나까지 모두 '패인'으로 기록된다. 선거에서 패한 쪽에 비판의 쓰나미가 덮친다." 김어준의 '문재인 필승론'은 그가 왜 문재인을 지지하고, 문재인일 때 승산이 있다는 추론의 근거를 잊게 한다. 한마디로

'(문재인에 대한 과잉 어린) 억측'으로 도매금 된다.

김어준은 역사가 발전한다는 주장을 믿지 않는다. 진화론 나아가 우생학에 수긍하는 편이다. 〈인물과 사상〉 2009년 3월 호, 노무현이 세상을 떠나기 전, 그러니까 문재인이 부각되기 전 발언이다.

"따지고 보면 역사가 방향성이 있느냐는 질문도 할 수 있지. 사실 좌파들은 역사가 방향성이 있다고 생각하거든. 역사가 후 진 곳에서 더 나은 것으로 가기 위해 경합을 거듭한다고 하는 것이 좌파의 사고잖아. 좌파는 인간의 기획에 의해서 탄생한 개 념이야. 실제 자연은 진보하는 것이 아니고 어쩌면 생태계에 더 가까울지도 몰라."

약육강식의 구조, 즉 진화론적 사고에 기초한 세계관의 멘 털리티를 형성한다. 이는 2012년 총선 패배 이후 이렇다 할 주도 권을 잡지 못하며 각종 악재에도 여권에게 주도권을 회수해오지 못하는 현재 야권에 대한 예언적 비판으로도 추론된다.

"사실 좌니 우니 하는 것도 역사책을 덮고 생각해보면 미래를 알 수 없는 불완전한 인간이 불확실성이라는 공포에 어떻게 대처 하느냐에 따라서 좌우가 갈린다고 나는 생각하거든. 우파적인 성향을 가진 사람은 자기 주변의 더 많은 자원을 끌어 모으고 지가 일등해서 지가 살아남음으로써 해결하려고 해요. 그래서 얘네들은 그 공포를 대처하지 못하고, 가난하게 살거나 처지게 되면 그 사람 잘못이라고 생각해. 우파들의 공포대처법은 자기의 경쟁력을 높이고, 자기 주변의 자원을 끌어 모아서 자기가 안심해서 공포를 이기려고 한다고. 우파의 핵심 키워드는 욕망이야, 욕망. 그래서 우파들은 보험을 들어. 그리고 좌파들은 그 공포들을 잘게 쪼개서 나눠서 해결하려고 해. 그래서 연대하고, 공적 부조로 문제를 해결하려고 해. 나는 본질적으로는 좌우가 아님이 아니라 기질이라고 생각해요. 그런 놈은 그렇게 되게 되어 있어.(웃음) 잠깐 좌파가 됐다가 뉴라이트가 된 사람들, 기질이 그런 거야. 반면 좌파들의 키워드는 염치야."

염치는 곧 엄숙주의로 치환된다. 과거 자기 발언에 메어있는, 일관성의 압박에 백기를 들고 만다. 그런 사람에게 김어준은 항상 말한다. "30분만 쪽팔리면 될 걸, 왜 그렇게 묶여 있느냐"라고. 논리, 도덕, 엄숙 등 진보의 전통적 자세는 김어준에게 참

고사항에 지나지 않는다. 그가 '정통운동권'이 아닌 이유도 크다. 정혜신이 쓴 『남자 vs 남자』에서 인용된 김규항의 말은 "김어준은 독특한 인간이다. 운동권이든가 제대로 학습을 했다든가 하는 따위의 경험이 없으면서도 세상을 바라보는 눈이 대단히 정확하다"이다. 2012년 대선은 솔직히 이 해법과 무관한 트랙에서 진행됐다. 그는 '강남좌파'와 합치되는 '강남진보'를 거론한다.

"예를 들어서 강남진보가 나와야 돼. 그래서 외제차 타고 잘 먹고 잘사는데 '그래도 나 연대의식 있다. 사회에 부채의식이 있다'는 사람이 등장하고, 그런 사람들을 비난하지 말아야 한다니까. 그런 롤모델들이 등장을 해야지. 예를 들어 미국이나 유럽에서 우파가 되는 것은 촌스러운 거라고 여겨지거든. 할리우드 스타들이 진보적인 발언을 굉장히 많이 해. 이게 쿨 하다고 생각하는 거야. 부자들 중에서도 빌 게이츠 정도 되면 '세금 많이 내야 된다. 기부 많이 해야 한다'고 하잖아. 이게 롤모델 중 하나가 되어야 힘을 가질 수가 있는 거라고 생각해. 그 사람을 쁘띠 부르주아라고 욕할 수도 있는데, 그러면 안 되는 거지. 그래서 나는 우파가 좋아. 좀 세련된 우파가 나오면 지지해줄 수도 있을 것 같아. 양식 있고, 세련된 우파가 나오면 지지해줄 의사가 있어. 정서적으로 그게 맞아. 다 죽이는 거지.(웃음)"

　박원순 서울시장 당선 직후 시점인 2011년 11월 14일 중앙
일보는 "김 씨가 사는 서울 성북동 집은 연면적 223m^2(68평)의
2층 주택으로 본인 소유"라는 기사를 냈다. 등기부등본까지 떼
어보고 뻗치기 끝에 김어준을 만나 확인하고 쓴 필치다. 성북동
68평 자가 소유자가 현재 진보의 아이콘이라는 점을 보수 독자
에게 알려주는 이유는 뻔했다. 김어준은 "그럼 어때서?"라며 대
수롭지 않게 여겼다. 좌파의 진정성이 '가난'에서 비롯된다는 식
의 그들만의 프레임 아니 우리 사회 선입견, 김어준은 어깃장을
놓았다. 이유가 무엇이겠나. 폼 나게 살고 싶어 하는 그의 본능
이 작용했던 것일 테고, '진보의 선(善)은 욕망으로부터의 탈피'
라는 구도 자체가 갖는 기만과 억압을 탈피하지 않고는 1980년
대 운동권식의 프레임에 갇힐 수밖에 없다는 나름 사명감이리
라. 그는 그래서 좌파 아닌 좌파다.

　여담삼아 1999년 11월에 나온 〈한겨레21〉 '쾌도난마' 발언
을 부연한다.

　"우리나라에서 만약 돈 많은 부자가 애인과 오붓하게 경기

를 즐기겠다고 야구장 한쪽 관중석을 다 사서 애인이랑 둘이서만 관람한다고 해봐. 그러면 미친 놈 돈지랄 한다고 처절하게 지탄받고 깨지겠지. 그런데 미국에선 그게 가십은 되지만 공적 지탄의 대상이 되는 것은 아니거든. 그런데, 우리나라에서 '내가 번 돈 내가 쓰는데 무슨 상관이냐'는 항의가 제대로 먹히지 않고, 우리가 그런 사람들을 쉽게 욕하고 그게 공감대를 형성하는 건 우리가 사돈이 논을 사면 배가 아파서, 그런 국민성이 있어서가 아니라, 기본적으로 '정당하게' 벌었다는 사실 자체를 믿지 못하는 데서 출발한다고 봐. 가진 자들이 정말이지 정당하게 버는 것을 별로 본 적이 없걸랑. 국민성 탓하는 건 잘못 짚은 거야……족집게 과외라는 게 있어. 정말 부자들이 하는 거지. 과거 유럽의 귀족자녀들도 과외를 했었다고. 개네들은 유명한 학자들과 여행을 간다든가 그 격에 부끄럽지 않을 토양을 만들기 위한 교육이었거든. 대학 가려고 눈 뒤집고 하는 찍기 과외가 아니고. 자본주의 사회에서 귀족이 부자로 대치되고 있는 상황인데, 얘네들이 정신세계는 무지하게 천박한 천민인 거야. 그만한 정신적 토양이 안 돼 있는 인간들이 돈의 위력으로 껍데기 품위를 누리려 하는 거지."

그는 부유한 삶을 동경한다. 그래서 성북동 집에 사는 거고.
1990년대 초반에 나온 거지만 미제 지프를 타고 다니며, 럭셔리
한 패션을 추구한다. 그러면서 진보가 가능한 세상. 한국적 정서
에서는 위선으로 보이지만, 오대양 육대주의 비바람을 다 맞아
온 그는 지구적 표준이라고 강조한다. 그가 추구하는 외양은 한
국에서는 현재 우파의 전유물이다. 하지만 그들은 김어준에게
이미 각하된 존재들이다. 시대적 왜곡이 우파 DNA의 그를 좌파
에 거하게 하는 것일까. 총선 패배 후 한겨레 인터뷰에서 한 말
이다.

"나더러 우파라고 하는 사람도 있고 좌파라고 하는 사람도
있는데, 난 사실 언젠가부터 그런 거 전혀 관심 없어. 거장하게
제3의 길을 선언하는 건 아냐. 난 그냥 본능주의자. 내가 타고난
본능과 직관과 균형 감각으로만 살다가 어느 날 그냥 조용히 갈
란다. 그래서 이 일에 내 존재를 그냥 쉽게 걸 수 있다. 무슨 대
단한 결단이 아냐. 그냥 하고 싶어서 하는 거야. 내가 해낼 수 있
다는 걸 아니까 하는 거야. 그래도 구조가 날 써주면 일 해준다.
안 써주면 혼자 논다. (웃음)"

다시 〈인물과 사상〉 2009년 3월호다.

"그런데 백날 가봐야 우리나라에서는 안 나올 것 같아. 인문학적 소양도 있고, 염치도 있고, 양식도 있고, 자존심도 있는 우파가 나와서 그렇게 하면 좋을 것 같은데, 안 나와. 우파는 본능을 자극하기 때문에 사람을 흥분시킬 수가 있거든. 그러면 나는 열광적으로 흥분해줄 수 있는데, 그런 놈들이 안 나와. 무식하고, 촌발 날리고, 자기만 아는 우파들밖에 없는 거지."

딴지일보 부편집장인 '필독'이 2011년 11월에 나온 〈주간 조선〉에서 밝힌 말.

"김어준은 좌파인가? 아니다. 한국의 정치지형에 의해 좌파로 분류될 뿐이다. 그처럼 순수한 마초는 좌파가 될 수 없다. 오히려 그는 순도 높은 자유주의자다. 김어준은 자유롭게 욕망을 추구할 자신의 권리와 타인의 권리가 서로 피해를 입히지 않고 공존하는 상태를 '명랑사회'라 명명한다. 딴지일보의 창간 모토는 '명랑사회 창달'이다. 김어준은 자신이 망사스타킹을 탐할 권리와 성적 소수자가 동성(同性)의 육체를 욕망할 권리를 동등하게 해석한다. 그는 자타공인의 마초지만 동성애를 비난하는 마초는 비겁하다고 힐난한다."

김어준이 좌파가 아니라면, 한국적 우파를 비토하는 반(反)우파라고 해야 할까. 좌파의 전통적 기준에 충족하지 않는 반(半)좌파라고 해야 할까.

잠시 무대 뒤로 빠졌던 문재인을 다시 불러보자. 김어준은 진보의 새 기준을 문재인 대선 승리로 정립하고 싶었다. 그러나 정작 기대치를 투영 받은 문재인은 현격한 한계만 노출한 채 실패했다. 표면상 논리, 도덕, 엄숙 등 낡은 진보 프레임에 갇히고 마는 태도나, 말하고자 하는 바를 간명하고 조리 있는 설명 못하는 토론 연설 능력의 부재가 두드러졌다. 그러나 객관적으로 볼 때 이것이 상대편 후보(박근혜)에 견주어 단점은 아니었으니 패인은 아니다. 문제는 개인의 역량보다 구조적 한계였다. 개인전 같은 단체전인 선거이건만 18대 대선에서 문재인에게는 캠프만 온존했고 당은 부재했다. 골목 단위까지의 영향력을 미칠 조직력이 상대 당에 미치지 못한 것은 재보선에서도 여지없었다. 또 당 대표 취임 이후 첫 선거임에도 패배 직후 '퇴진' 요구를 돌출시켜 성급하게 본색을 드러낸 비토세력의 실존이야말로 '뭘 해도 안 되는 야당의 위중(危重)한 고질(痼疾)'로 보는 게 합리적이다. 한겨레 정치선임기자 성한용은 '문재인 퇴진'을 요구하는 이들 비주류의 진의를 "쉽게 말해 내년 총선에서 자신들의 지분을 보장하라는 것"이라고 단언했다. 기득권 세력을 옹호하는 여당에 맞설 야당이건만 그 안에 거대한 기득권 논리가 똬리를 틀고 있다는 것이다. 이런 '맛 잃은 야당'의 정치혁명은 애초부터 어불성설이다.

　　결국 반대파를 제압하고 자기 체제를 안착시킨 뒤 총선과 대선에서의 승리하는 외길만 강요받고 있는 문재인. 김어준은 이 국면에서도 '여전히 문재인'일까. 만약 그렇다면 액면 그대로의 문재인이 아직 정당한 평가를 받지 못했다는 판단이 그 인식의 뼈대일 것이다. 혹시 문재인이 여전히 개인의 패배를 여전히 감수할 수 있는 사적 범주로 놓은 채, 야당의 사멸이오, 민주주의의 패퇴라는 공적 인식이 결여돼 있다면? 확언하기 힘들다.

국정원
선거개입
잡아내다

"동물적 감각이야. 이건 말로 글로 설명할 수 없어.
지금 내 육감이라고. 다 보여. 지금 고도의 알바들이 활동하고 있어.
게다가 지금 기독교 세력이 움직이고 있다. 이거 뭐라고 이름 붙여줄까?
기독교 알바단? 어때, 줄여서 기알단."

김규항의 말대로 김어준은 사람 보는 눈이 상대적으로 정확한 편이다. 내가 절감했던 사례가 있다. MB와 그 진영 인사를 빈틈없는 논리로 비판하다가 2012년 총선 대선 국면에서 박근혜 서포터스로 돌아선 한 정치평론가에 관한 평가다.

"시사평론이 일견 논리적이나 정치 공학적이다. 그런 논평은 이해관계에 따라 얼마든 바뀔 수 있다. 지면에 함께 등장하는 건 상관없지만 방송에 함께 등장하는 건 그래서 위험하다."

실제 이 사람은 박근혜 대선 승리 여부를 전망하는 수준에서 한 발 더 나아가 마치 자신이 박근혜 승리를 만들어내야 하는 역사적 사명이라도 있는 것인 양 행동하기 시작한다. "총선에서 야당이 진 것은 박근혜 같은 지도자가 없기 때문"이라며 박근혜의 행보는 선의로만 해석하고 야권에 대해선 억측과 폄하

일변도로 논평했다. 게다가 '김두관만이 박근혜의 적수다', '손학규가 단일후보가 될 것이다', '결국 결선투표 할 것이다', '안철수의 파괴력이 김문수, 김태호, 안상수, 임태희만 못할 것이다.' 객관적 현상에 대한 해설이 아니라 주관적 바람에 대한 주술을 읊기 시작한다. 그러다가 마침내 YTN, 연합뉴스, OBS노동조합으로부터 '박근혜 사람' 취급을 당하기에 이른다. (물론 본인은 억울해 하지만 본인만 그러하다.)

김어준의 안목은 팔할이 여행에서 다져진 것이다. 2009년 4월 17일에 있었던 〈한겨레21〉 인터뷰 특강에서 그는 "나도 처음부터 자기객관화나 지성 등의 거창한 목표 때문에 여행을 다니기 시작한 것은 아니다. 그저 재미있으니까, 열심히 일하고 돈을 모아서 여행을 다녔다. 자신이 처한 상황에서 애를 쓰며 찾으면, 어떤 식으로든 방법은 있다고 생각한다. 또한 여행을 가기 전에 위기 상황을 그려보며 여행을 주저하는 분들도 많다. 나는 숙소 호객도 해보고, 암달러상도 해봤다. 화투를 가지고 다니면서 현지 노숙자분들에게 고스톱을 전수하며 길에서 밤을 지새운 적도 있다"고 했다. 이를 두고 『삼국지 인물전』을 쓴 김재욱은 김어준을 『삼국지』의 관로에 비유한다. "주역과 관상법을 책으로만 공부해서는 적중률을 높일 수 없다. 『삼국지』에는 관로의 예언이 모두 들어맞는 이야기만 나오지만 그렇게 되기까지 얼마나 많은 곳을 여행했으며, 얼마나 다양한 경험을 했는가에 대해서는 아무도 관심을 두지 않는다. 이것이 관로가 제도권에 들어갈 능력을 갖췄음에도 그 안에 소속될 수 없는 이유일 것이다"라고 했다. 김어준을 나꼼수 이후에 만난 사람은 그의 명민함만을 봤겠지만, 수많은 시행착오와 실패 또 좌절의 산물일 것이다.

　2012년 8월. 서울 동숭동 벙커1. "히히히……. 이 새끼들……. 까부는구나. 조또 귀엽다." 담배를 입에 문 김어준이 하는 말. "지금 작전 들어갔다. 대선 때 여론조작하려고 댓글, SNS에 작업이 들어갔다고. 이 바닥에 아무 것도 없었을 때부터 내가 있어왔잖아. 태초의 나야, 씨발……. 나는 댓글만 봐도 뻔히 보인다. 국정원, 작업 들어갔어."

　그래서 김어준은 이 무렵 방송에서 "지금도 활동하고 있는 네이버 알바하고는 달라졌어. 이 알바들은 (2012년) 1월 2일부터 활동을 시작합니다. 시무식을 마치고 활동하는 것 같은데 하하하……. 댓글을 일곱 개에서 열 개만 달아요. 그게 내부 업무 규정인지 몰라도 이 댓글은 오전 9시에서 오후 6시까지만 달아. 소스는 한 사람이 쓰는 것으로 보입니다. 대략 보기에는 10여 명이 한 단위로 활동하는 것이 아닌가. 지금까지와는 유형이 다른 존재인데 왜 이렇게 알바들은 시무식이 끝난 이후에 출퇴근 시간을 지켜가면서 쾌적한 환경 속에서 활동을 하는가······.'라고 말했다.

김어준은 IP주소가 없어도, 닉네임이어도, 어휘, 문장, 논리, 그리고 올린 시간 아니면 시간차만 보고도 누가 동일인물이고, 어떤 어떤 ID가 특정한 장소에서 나오고, 또한 어떤 어떤 ID가 특정한 지시에 따라 움직이는지 간파한다고 했다. 특별한 근거는 없다.

"동물적 감각이야. 이건 말로 글로 설명할 수 없어. 지금 내 육감이라고. 다 보여. 지금 고도의 알바들이 활동하고 있어. 게 다가 지금 기독교 세력이 움직이고 있다. 이거 뭐라고 이름 붙여 줄까? 기독교 알바단? 어때, 줄여서 기알단."

그 자리에서 내가 고쳤다. '십알단', 십자군 알바단으로 말이다. 그렇게 해서 십알단이라는 이름이 생겼고, 십알단 멤버들도 스스로 십알단이라고 부른다고 할 정도다.

김어준이 나꼼수 방송에서 '수상한 동태'를 꼬집자, 그에게 한 제보자가 찾아왔다. '십알단'의 존재를 확인시켜준 주인공

이다. 그가 보유한 핵심 증거는 나꼼수 손에 넘어왔고 김어준
은 재워놓았다가 선거 목전 하나하나 터뜨렸다. 그리고 십알단
의 대표 격인 목사 윤정훈은 구속 수감케 했다. 그의 혐의는 사
무실 간판은 'SNS 관련 교육 및 컨설팅' 업체로 해놓고는 인턴
사원 7명과 함께 트위터 카카오톡 등 SNS를 활용해 박근혜 후
보 대통령 선거운동을 해서 공직선거법을 위반한 것이다. 모든
의혹은 사실로 드러났다. 그뿐 아니다. 한 비구승의 입에서 박근
혜가 굿판을 벌였다는 주장과 관련해서는 잠입 등 다각도의 취
재로 검증했다. 물론 사실 여부를 최종 확인하지는 못했다. 이
런 파상공세에 박근혜는 끝내 2012년 12월 18일 유세에서 "허
위사실을 유포하는 나꼼수만 믿는다는 말인가"라며 발끈하기도
했다. 하지만 국가정보원 그리고 군 사이버사령부의 가공할 공
작 그리고 책동은 사실이었다. 박근혜 집권 이후지만 법원 또 군
당국이 인정하는 바다. 김어준의 육감이 없었다면 뜬소문으로
끝났을 의혹이었다. 또 박근혜 정권 정통성에 관한 일말의 의심
도 없었을 것이다.

　　김어준의 '촉'을 두고 한 심리학자가 분석한 것이 있다.

　　"우리가 흔히 좌뇌는 이성, 우뇌는 감성이 발달돼 있다고 하

지요? 김어준의 좌뇌와 우뇌는 두 개 모두 탁월해요. 좌뇌는 공
학적 사고, 우뇌는 상상력, 창의성이지요. 어떤 한 사안이 있으
면 그 사안에 관한 입체적인 통찰이 있고요. 그리고 하나하나의
파편들을, 가장 설득력 있는 방식, 즉 공학적 방법으로 엮어내
요. 그리고 하나의 가설을 만들어내지요. 가설이라 하지만 타인
기준에서는 정설로 규정해도 무리가 아니에요."

　　물론 김어준의 예측 중에 아직 드러나지 않은 하나가 있다.
고강도 도청 의혹이 그러하다. 2012년의 여름, 여기는 방송통신
대학교 운동장.

김용민　　이 더운 날에 땡볕에 나오라고 하시면 어떻게 해요? 어
　　　　　디 그늘로 좀 가시죠.

김어준　　안 된다. 그 나무에 도청 장치가 달렸을 것이 분명하다.

주진우　　좀 작작해요. 누가 도청을 한다고…….

김어준　　니들이 아직 잘 모르는데, 도청은 실제 이뤄지고 있다.
　　　　　우리 방에도 이미 도청장치가 달려 있다고 난 본다. 스
　　　　　튜디오에도. 벙커1 카페에서도. 보안은 우리가 스스로
　　　　　지켜야 한다. 자, 장소를 옮기자. 벌써 여기에 도청 레이

더가 가동될 거니까.

김용민　또 옮겨요? 나 참······.

주진우　총수, 우리나라 정보기관 실력이 아직 거기까지는 안
　　　　돼요.

김어준　내 말을 믿어라. 정확할 것이다. 그리고 둘, 혹여 딸딸
　　　　이를 치려 한다면, 인터넷 선 빼고 해라. 니들 컴퓨터
　　　　실시간으로 다 들여다본다.

글쎄, 김어준의 '촉'이 맞았을까. 독자들의 상상에 맡긴다.

나꼼수
최종회

"노무현이 자기 목숨을 던져서 하나의 시대를 끝내는 것을 보면서
남은 세상은 어떻게든 해 보고 싶었습니다.
그래서 뒤돌아보지 않고 모든 걸 걸고 여기까지 왔습니다.
이번 대선이 시작되면서 저희가 약속했습니다.
공작은 우리가 상대한다. 약속은 지켰습니다.
이제 저희는 마이크를 내려놓겠습니다. 고맙습니다. 쫄지마! 끝!"

2012년 10월 23일부터 12월 4일까지 무려 한 달 반이나 나꼼수의 업데이트는 없었다. 녹음이 아주 없지는 않았지만 원본을 최종 감수(법적 책임을 질 수준까지의 '오케이 컷'을 선별하는 최종 편집 과정)해야 할 김어준에게서 기별이 없었던 것이다. 나의 불만은 점증했고 주체할 수 없을 정도로 집약된 임계점에 이르러서는 감정의 골마저 패이게 됐다. 이런 것이었다.

"'쫄지마' 하던 본인부터 쫄고서는, 정봉주 지적대로 연예인 병에 걸려 안전빵으로 가려나 보다."

기실 그때만 해도 문재인 후보의 (점진적이지만) 상승세가 뚜렷했고 예측이 완전히 빗나가지 않는다면 당선이 무난하던 흐름이었다. 잘 그러지 못하는 스타일이지만, 나는 김어준과 사사건건 맞섰고, 12월 12일 낮에는 벙커1이 있는 서울대 의대 분관

앞 공터에서 물리적 충돌 일보직전까지 갈 뻔했다. 김어준 역시 화가 깊었던 것 같다. 이런 저런 저들의 (프레임 캠페인) 전략과 의도를 들춰내는 등 명운을 건 신경전을 하던 와중인데, 한 몸체여야 할 내가 매사에 태업과 반목으로 일관하니까 분기를 노출한 것이다.

이견의 출발점은 김어준 코드의 편집이었다. 정봉주 대법원 확정 판결 직후 업로드 할 방송(12월 27일, 호외 3)에다 나는 시민 여러 명의 '정봉주 응원 메시지'와 함께 백지영의 '잊지 말아요'를 믹싱 하고자 했다.

"차가운 바람이 손끝에 스치면 들려오는 그대 웃음소리 내 얼굴 비치던 그대 두 눈이 그리워 외로워 울고 또 울어요. 입술이 굳어버려서 말하지 못했던 그 말, 우리 서로 사랑했는데 우리 이제 헤어지네요. 같은 하늘 다른 곳에 있어도 부디 나를 잊지 말아요."

정봉주와 정봉주를 떠나 보내는 이들의 심금을 고스란히 간직한 가사였다. 그러나 김어준은 "촌스럽다"며 '올 킬' 시켰다. 신파를 혐오하는 코드 때문이다. 이후에도 그랬다. 내가 기획력을 갖고 제작한 것이라도 김어준은 자기 취지에 부합하지 않으면 가차 없이 솎았다.

예외적 사건이 없지 않았으니 그것은 마지막회 작별인사 직전이었다. 나는 미국 포크가수 조안 바에즈(Joan Baez)의 'Donna donna'을 삽입했다. 정봉주 수감이 확정되고서부터 마음의 레코드판에 걸어놓았던 노래다. 김어준이 최종 편집됐다며 넘겨준 멘트 파일에 마치 도둑질하듯 이 음악을 몰래 넣었다. 나중에 김어준이 뭐라 해서 수정되더라도 그래서 단 몇 사람에게 전달되더라도 나꼼수라는 전대미문의 난장 그 밑바닥 감정선에 이 노래가 있었다는 점을 표징하고 싶었다. 가사가 이랬다.

"시장에 끌려가는 달구지 위에 슬픈 눈동자의 송아지, 하늘에 제비 한 마리가 웃고, 바람은 밤낮 종일토록 웃다 못해, 여름이 다가도록 웃지. 도나도나도나. 농부가 송아지에게 말하지. 불평 좀 그만해. 누가 송아지가 되래? 제비처럼 날개를 달아 뿌듯한 자유를 얻지 그랬니. 도나도나도나. 쉽게 잡힌 송아지들은 이유도 모른 채 도살장에 끌려가지. 하지만 자유를 소중히 여긴다면 제비처럼 나는 법을 배워야 해. 도나도나도나"

노래의 주인공 바에즈는 고등학생 때, 냉전의 동서가 양분
되던 시기, 반전 평화의 소신에 반하는 행동을 못한다며 민방위
훈련을 거부하고는 교실에 남아 계속 책을 읽다가 퇴학당하고
빨갱이로 몰렸다. 그는 반공사상 주입 체제홍보로 국민총화를
이루려던 이데올로기적 균질화 압박에 굴하지 않았다. 김어준이
참 좋아했을 법한 캐릭터다. 가슴 조리며 김어준 눈치를 봤다.
그는 나꼼수 마지막회 업데이트 후 내가 이 노래를 삽입한 사실
을 알았다. 따로 아무 언급도 하지 않았다. 귀찮아서였을까. 아니
다. 그는 자기 스타일에만은 근면하다.

노래 후 뒤이어진 클로징 멘트. "정봉주⋯⋯."를 언급하다가
뒷말을 잇지 못한 채 검은 천으로 얼굴을 가리며 소리 죽여 울
음을 쏟아낸 주진우. 그 곁에 있던 김어준도 깊은 회한 때문인지
말을 한동안 잇지 못하고 마른 헛기침을 반복하다가 다음의 멘
트를 읽어나간다.

"노무현이 자기 목숨을 던져서 하나의 시대를 끝내는 것을
보면서 남은 세상은 어떻게든 해 보고 싶었습니다. 그래서 뒤돌
아보지 않고 모든 걸 걸고 여기까지 왔습니다. 이번 대선이 시작
되면서 저희가 약속했습니다. 공작은 우리가 상대한다. 약속은

지켰습니다. 이제 저희는 마이크를 내려놓겠습니다. 고맙습니다. 쫄지마! 끝!"

팟빵 게시판에 올라온 반응이다.

나꼼홧팅 2012-12-18 22:17

당신들! 잊지 않을 겁니다. 머뭇거림의 눈물……. 당신들의 용기를 지지합니다. 부조리의 꼬리에 꼬리에 대한 의문들을 당신들로 하여금 눈떴고, 언론 같지도 않은 모양으로 언론이 하지 못한 '참대화'로 왜곡된 역사와 참된 정의를 다시 한 번 꿈꿉니다. 다시는 당신들 같은 하자있는 언론모양을 부르지 않도록. 내일 꼭 투표하고, 그들을 심판한 후 새 역사의 한 페이지를 장식할 겁니다. 감사합니다.

허접 2012-12-19 01:0

정말, 문제인 당선만으로 모든 문제가 해결되는 것으로 알고 있는가. 혹시 삼성, 박정희, 조선일보 일가의 혼맥도를 본적이 있는가. 그들은 0.1%의 세상 우리와는 다른 세상에 살고 있다. 이 방송을 끝내지 말고 계속함은 안 될지.

담원대디 2012-12-19 02:59

지난 오 년 아니 이제껏 살면서 국민의 한사람으로 정치와
는 완전 담쌓고 살았던 그런 나를 재미와 풍자로써 정치의 본질
과 술수를 진실로 알게 해준 여러분 정말 감사합니다. 여러분이
아니었다면……. 한 가정의 가장이자 한 아이의 아버지로서 정
직하고 진실만이 이기는 세상을 만들기 위해 오늘 투표하러 갑
니다. 다음 세대를 이을 내 아이와 함께 그 역사의 현장으로 가
겠습니다. 절대 쫄지 않겠습니다. 씨바!

신현수 2012-12-19 13:05

그동안 항상 통쾌하게 진실을 파헤쳐 주셨던 여러분들의 노
력 덕분에 대한민국의 민주주의 후퇴를 조금이나마 늦출 수 있
었습니다. 우리가 흘려야 할 땀과 눈물을 대신해 여러분들이 흘
려주신 덕분에 우리는 조금이나마 편했고 진실을 알 수 있었고
함께 분노할 수 있었습니다. 여러분의 노력이 헛되지 않았으면
좋겠습니다. 아니, 헛되지 않을 것입니다. 그동안 정말 수고 많으
셨고 우리들을 대신해서 맞아주셔서 감사했습니다. 이젠 그 누
구도 검은 권력들에 상처받는 일이 없었으면 좋겠습니다. 수고하
셨습니다. 고맙습니다. 사랑합니다.

2012년 나꼼수 마지막방송 후에 오마이뉴스 시민기자 이희동이 쓴 글이다.

"사실 촛불집회 이후 우리는 모두 주눅 들어 있었다. '아침이슬'을 들으며 반성했던 MB가 유모차 끌고 나온 주부들에게 얼척 없는 벌금 때리는 것을 보며, 어떻게든 자신의 이야기를 해보겠다던 용산 철거민들과 쌍용차 해고자들이 강제 진압되는 것을 보며, 그리고 멀쩡한 사람이 대통령 욕했다는 이유만으로 사찰당하는 것을 보며 우리 모두는 공포에 휩싸여 있었다. 더럽고 치사하지만 그렇다고 내가 먼저 나섰다가는 왠지 크게 당할 것 같다는 불안감.

이때 나꼼수가 등장했다. 그들은 방송을 통해 공포를 이겨내는 가장 좋은 방법이 웃음임을 다시금 보여주었다. 조선시대 광대들이 그랬듯이, 그들은 가카가 '절대 그럴 리 없다'는 모토만으로 기득권 세력을 조롱하고 농락했으며, 우리는 그들의 신명나는 모습에 기꺼이 웃었고, 이를 통해 내가 혼자가 아님을 확인하고 용기를 얻었다. 나꼼수를 통해 새로운 연대가 시작된 것이다.

그래도 할 말은 해야 하지 않겠냐며 '쫄지마 씨바'를 외쳐대

던 그들. 이는 결코 단순한 욕지거리가 아니다. 나꼼수는 저 천
박한 언어를 통해 스스로를 '해적방송'으로 규정했고, 그 정의를
통해 한낱 해적방송의 지껄임도 참아내지 못하는 MB정권의 몰
상식과 비민주성을 만천하에 드러내었다.

시정잡배 넷이 골방에 모여 앉아 시시껄렁 잡담하며 낄낄
웃어대는데, 정부가 거대 사정기관에 정보기관까지 동원시켜 그
들을 압살시키려 한다면 그것은 정부가 뭔가 찔리는 구석이 있
어서 그러는 게 아니었을까?

나꼼수, 그동안 고마웠다, 수고했다. 당신들이 뿌려놓은 희
망의 씨앗을 꽃피우는 건 우리의 몫임을 잊지 않겠다. 그리고 이
젠 우리가 당신들에게 말할 차례다.

'쫄지마 씨바! 끝!'"

아!
12월 19일

5시 57분경.

"지금이라도 늦지 않았다. 투표 안 한 분 있으면 속히 가달라. 상황이 심각하다."

김어준은 이 말을 남기고 스튜디오 밖으로 떠났다.

운명이 날이 왔다. 12월 19일. 당일 나는 팟캐스트 포털 팟
빵의 기술 지원과 협력을 받아 벙커1 스튜디오에서 '딴지라디오
가 진행하는 선거 독려 방송: 국민이 바꾼다' 생방송을 아침 6시
부터 이어갔다. 동시접속자가 20만이 몰려서 중도에 여러 차례
끊어지기도 했다.

종료 3시간 앞둔 낮 3시부터는 김어준, 주진우가 마이크를
잡았다. 분위기가 좋았다. 선거 당일 여러 정보망을 통해 확보한
오후 5시까지의 판세는 문재인 후보 우세였다. 문재인 캠프에서도
다르지 않았다. 잿빛의 새누리당 표정을 증언하는 기자도 적잖았
다. 새누리당의 표정이 매우 어두운 것에 비해 벙커1은 입추의 여
지가 없을 정도였다. 그런데 이게 웬일인가. 선거 종료 시점 즉 출
구조사 등의 공개 예정시간 30여 분 앞둔 5시 반쯤, 하루 종일 전
혀 감지 안됐던 '박근혜 우세'를 알리는 주진우 휴대전화 메시지
가 당도했다. 당시 민주통합당 모 최고위원도 6시 다 돼 박근혜

50.1%, 문재인 48.9%의 KBS MBC SBS 방송3사 출구조사 결과치를 두고 '박근혜가 48.9%라고? 많이 따라왔네. 문재인은 50.1%라니. 이거 밖에 안 돼?'라고 착각할 정도였다. (이 조사는 방송3사가 밀워드브라운미디어리서치(MBMR), 코리아리서치센터(KRC), 테일러넬슨 소프레스 코리아(TNS RI) 등 3개 조사기관에 출구조사를 의뢰했으며, 조사기관은 조사원 1800여 명과 조사감독권 120명을 현장에 투입했다. 신뢰도는 95%, 오차범위는 ±0.8%포인트다.) 이후에 합류한 노회찬, 유시민, 김미화와 함께 스튜디오는 충격의 도가니였다. 5시 57분경. "지금이라도 늦지 않았다. 투표 안 한 분 있으면 속히 가달라. 상황이 심각하다." 김어준은 이 말을 남기고 스튜디오 밖으로 떠났다.

이런 아닌 밤중에 홍두깨 같은 급반전의 연유는 무엇일까. 설득 가능한 가정이 몇 가지 있는데 며칠간 시중에서 떠돌던 소문과 맥락이 닿아 있다. 대표적 두 가지 중 첫째는, 오전까지의 출구조사 결과가 번지던 정보처럼 문재인 우세가 틀림없었으나 위기감을 느낀 새누리당이 조직을 총 가동해 노년층 유권자를 투표장에 수송해 끝내 역전시켰다는 가정이다. 실제 당일 새누리당 종합상황실장 권영세는 "'읍면동별로 준비한 차량을 전면 운행해 교통이 불편한 어르신 등께서 투표하실 수 있도록"이라는 문자 메시지를 당원에게 보냈다.

　둘째는 이명박 정권이 문재인 우세가 표면화되자 당황해 출구조사 유출을 원천봉쇄했고 그새 결과치를 조작하고는 저녁 6시에 발표케 하고, 농후한 대선 패배 가능성에 좌절한 야권 참관인의 감시 의지를 무력화시킨 다음 개표 결과치마저 조작했다는 설이다. 개표당일 출구조사를 시행한 주체가 방송3사와 YTN, 오마이뉴스 등 셋인데, 이중 두 곳은 문재인 승리를 예견했다는 점이다. (YTN 문재인 49.7~53.5% 대 박근혜 46.1~49.9%, 오마이뉴스 문 50.4% 대 박 48.0%) 개표 조작설은 지금도 사실 여부와 무관하게 광범하게 유포된 음모론이다.

　꼭 투개표 부정이 아니라도 박근혜가 이명박 정권의 총체적 관권 부정의 덕으로 당선된 것은 불문가지다. 서울고등법원은 2015년 2월 국가정보원이 당시 박근혜 후보를 위해 인터넷지지 글 게시활동을 벌이며 헌법이 요구한 공무원의 정치적 중립의무를 외면했음을 확인했다. 그러니까 국가정보원이란 국가기관이 국민의 정치적 의사결정에 부당하게 개입한 것을 들춰낸 것이다. 당시 국정원 최고 책임자 원세훈은 그래서 중형을 선고받고 수감돼 있다. 국정원만인가. 군도 국군사이버사령부의 2012년 총선 대선 조직적 인터넷 여론조작 활동 사실을 자인했다. 이것만으로도 제18대 대통령 선거는 총체적 관권부정의 범죄성을 부인할 수 없다.

　이 과정에서 주목해야 할 사건이 있다. 12월 16일 밤, 박근혜의 무지와 한계를 여실히 드러낸 3차 TV토론 직후의 경찰 발표였다. 김용판 당시 서울지방경찰청장의 지시에 따른 것인데 "국정원 여직원 김하영의 컴퓨터 하드디스크를 분석한 결과 대선 후보 관련 비방·지지 게시 글이 발견되지 않았다"는 서울수서경찰서의 긴급기자회견이었다. TV토론 때 박근혜의 '(민주당에 의한) 애먼 국정원 여직원에 대한 인권침해' 주장을 뒷받침하는 발표였다. "수사 불개입"을 강조하던 문재인은 순식간에 궁지에 몰리게 됐다. (이보다 앞서 박선규 당시 새누리당 박근혜 캠프 대변인은 "국가적 관심사라 오늘 조사결과가 나올 것이다"고 기자들에게 미리 언급해 당과 경찰, 국정원 3자간 내통 의혹을 자아냈다.) 이와 관련, 폴리뉴스와 인터뷰한 여론조사기관 리얼미터 대표 이택수는 "당시 리얼미터와 방송 3사의 조사를 보면, (선거 기간 중) 딱 하루 골든 크로스가 있었다. 그런데 (16일) 밤 경찰 발표 뒤에 흐름이 다시 박근혜 후보의 우세로 원상 복귀했다"고 분석했다. 실제 이튿날 (17일) 국정원 회의에서 원장 원세훈이 "박빙 열세가 박빙 우세로 전환됐다, 고생했다"는 격려발언을 한 사실을 민주통합당 의원 진선미가 들춰냈다. (그런 박근혜는 대통령이 되고 나서 "내가 국정원 도움으로 당선됐단 말이냐"며 선거부정 연관성을 부인했다.) '공작을 상대했던 나꼼수가 다시 나서야 할 때'라는 목소리는 2013년 끝자락까지 공명됐다. 그러나 나꼼수는 2012년 12월 18일로 더 이상 업데이트되지 않고 있다.

그의 47년 삶의 전형(典型)대로라면 시대적 역할, 재미, 코드, 욕구
무엇보다 간지 등의 여부에 따라 행로를 정했으니 앞으로도 그러할 것이다.
그러나 김어준은 그 역시 자기의 옳음이 중요하지 않다.
그리고 반칙과 비겁함을 스스로 용인치 않는다.
콤플렉스를 비우다보니 남의 시선과 판단에서 자유롭다.

김어준은 박근혜에 대해 이렇게 평가했다.

"전 박근혜의 장점이 사사롭지 않은 데 있다고 봅니다. 제가 이 중 유일하게 박근혜를 만나서 인터뷰를 해본 사람인데, 그때 왜 정치를 시작했냐고 물었더니 IMF 때문이라고 했어요. '어떻게 일군 나라인데……'라는 생각에 울기까지 했더랍니다. 전 정말 그녀가 울었을 거라고 생각해요. 그 눈물에 박근혜의 정체성이 있다고 봅니다. 여기서 '일군'이란 말의 주체는 아버지일거고, 그렇게 일궈진 국가는 자신의 아버지와 같은 말인 거죠. 제가 봤을 때 박근혜의 정치는 효도입니다. 효도이자, 아버지에게 보내는 일종의 '제(祭)'인거죠. 절대 사사로울 수 없습니다.…… 전 그녀가 말하는 국가와 정치는 아버지, 즉 관념이라고 봅니다. 실체가 아닌 거죠. 거기에 박근혜의 약점이 있습니다." (프레시안, '고성국−김어준−손석춘 토크콘서트' 덤벼라 2012! ①, 2011. 7. 24)

그 효도라 함은 아버지 시대에 대한 재평가 즉 정당화로 치환될 것이다. 그렇다면 유신식의 독재가 상수요 상식이 되는 세상의 건설 또는 복구는 충분히 짐작되는 추론이다. 시대가 그렇게 퇴행중이다.

낡은 프레임의 기득권 구도임에도 '(제의) 참배객'들은 연전연승하고 있고, 패인의 가닥조차 잡지 못한 상황에서 야당은 고비마다 입버릇처럼 환골탈태(換骨奪胎)를 반복했고 이에 따라 형해(形骸)화할 지경이다. 그렇다. 바닥에 치달은 정도가 아니라 땅을 파고드는 형국이다. 해법이 필요하다. 그런 의미에서 이 평전을 통해 김어준의 우려를 복기하는 것이다.

2015년 중반을 지나는 시점. 메시지 유통수단은 어떤가. 신문은 물론 지상파, 종편까지 정권은 완벽하게 장악했다. 법외영역인 팟캐스트의 분투는 확장성 발현을 차단당한다. 프레임은 어떤가. 저들의 종북 의혹, 막말 시비, 모략 등 공작에 야권은 수세로 일관하며 여권의 정치적 위기 돌파에 일조하고 있다. 대여 강경 또 선명노선을 걷는 정치인은 집요한 비방에 시달리며 위축돼 있다. 애티튜드는 또 어떤가. 여전히 '나의 옳음이 중요한' 구조로, 야권 연대는 물 건너가고 제1야당마저 이 정치인 저 명망가로 핵 분열될 상황이다. 공당이 헌법재판소에 의해 완파돼도 놀랍지 않은 지리멸렬의 극치다. 저들의 아성은 갈수록 커 보인다.

『닥치고 정치』에서 제시된 이러한 난맥에 대한 해법이다.

"구조에 저항하는 방법은 두 가지가 있다. 구조에 맞부딪쳐 깨는 방법과 새로운 구조를 만들어버리는 방법. 그런데 첫 번째 방법은 불가능하잖아. 자본과 인력과 권력이 게임도 안 되잖아. 승부 자체가 성립되지를 않아. 노무현처럼 사람의 존재 자체가 메시지인 자가 또다시 등장하길 기대하는 것도 종교적 기원에 가깝고. 그래서 과거 고전 좌파들이 단번에 구조를 뒤엎는 혁명을 생각한 거잖아. 하지만 이제 그것도 불가능해. 그럼 방법이 없느냐. 아니다. 난 두 번째 방법은 가능하다고 본다. 새로운 메시지 유통구조를 만들어내는 거야. 진보의 프레임을 생산해내는."

그러면서 재미, 설득, 담력을 들었다. 그 합체를 김어준은 나꼼수에서 구현하려 했다. 2015년 한국 야당과 진보의 길과 다르지 않아 보인다. 이게 김어준평전을 통해 하고 싶은 나의 말이다.

이 평전에서 곁가지에 해당할 김어준 향후 행보 전망. 나는 알 수 없다. 그의 47년 삶의 전형(典型)대로라면 시대적 역할, 재미, 코드, 욕구 무엇보다 간지 등의 여부에 따라 행로를 정했으니 앞으로도 그러할 것이다. 그러나 김어준은 그 역시 자기의 옳음이 중요하지 않다. 그리고 반칙과 비겁함을 스스로 용인치 않는다. 콤플렉스를 비우다보니 남의 시선과 판단에서 자유롭다. 이러한 캐릭터가 쇠잔하도록 방치하지 않았다. 2015년 1월말. 나에게 했던 그의 말에 알 듯 말 듯 힌트가 있어 보인다.

"올해는 쉬겠다."

(덧붙이는 글)

사실 앞장까지가 탈고한 원고였다. 2012년 대선 이후의 김어준의 삶을 추가하라는 요청을 받았다.

그는 요즘 별볼일 없다. 얼마 전 들은 이야기. "옛날에는 강연 등 섭외 전화가 오면 '싫은데요, 으하하' 하기가 일상이었는데, 요즘에는 뜸해서인지 전화가 오면 반갑더라고…"

정권과 실오라기 하나의 연줄이 얽힌 조직이라면 김어준은 '금기'의 이름이다. 그건 나머지 나꼼수 멤버도 마찬가지다. 방송, 대학강연 등 공공의 무대에서는 그에게 단 한 프레임, 단 1초의 시간도 허용되지 않는다. 야당 인사들이 저마다 공언했던 정봉주의 복권(10년간의 피선거권 상실, 2022년말 만료) 또한 기약 없다. 이들의 상대는 이명박, 박근혜 등 개별 권력자가 아니다. 수구 기득권 권력을 영속시키려는 지배집단이었다.

김어준이 나꼼수를 하면서도 (비시사 분야이긴 하나) 공영방송 라디오 프로그램을 진행할 수 있었던 것과 각종 국공립 대학 강단에 자유롭게 오르내릴 수 있었던 것은 그때까지만 해도 한

국 사회 지배집단의 경계대상이 아니었기 때문이다. 그러나 일
단 그 대상이 되고 나니, 물샐틈없는 통제와 억압이 이뤄졌다.

　　그 시점은 박원순의 서울시장 당선 시점부터로 보인다. 정봉
주는 강연을 위한 미국 방문길을 차단 당하더니 곧 감옥에 끌
려갔다. 훗날 기소조차 안 된 사안이지만 (박원순의 상대후보) 나
경원의 고발이 있었다는 이유만으로 나는 공영방송 프로그램
패널에서 퇴출됐다. 김어준에게는 부풀려진 '성북동 초호화 주
택 거주' 스캔들로 '고슈 캐비어'(부자이면서 좌파인 위선자) 시비를
붙이려 했다.

　　그런 의미에서 김어준에게 대선 이후 2013년부터의 삶은
'추가된 5년'의 첫 해일 뿐이다. 김어준은 18대 대선 직후 수개
월 동안 장기간 해외 활동을 나갔다. 말 지어내기 좋은 사람들
은 '도망갔다'고 수근댔다. 그러한 뒷말이야 귀국으로써 종결된
문제지만. 주변 사람을 질리게 할 정도로 김어준은 보안에 철저
했다. PC나 안드로이드폰 등의 기기와, 카카오톡 메신저 등 국내
앱은 저쪽에서 늘 들여다보고 있다고 간주하며 주변에 유의를
당부했다.

　　김어준은 여전히 2012년 대선 결과 전후의 상황에 대해 아

주 심각한 문제의식을 갖고 있다. 김어준은 본인이 납득되지 않는 이상, 쉬 포기하지 않는다. 그래서 중앙선관리위원회가 발표한 것과, 발표하지 않은 것 중에 궁금한 것은 정보공개 청구를 얻어 2년 넘게 꼼꼼하게 따졌다. 개표부정으로 단언하는 이들과는 A4 단 한 장의 정보 교류를 하지 않고 오로지 독자적으로 파헤쳤다.

그리고 2015년말부터 '퀴즈'의 형식을 빌려 한겨레TV '김어준의 파파이스'를 통해 자신의 의문점을 밝힌다. "맞히는 분께 선물 드린다"며. 물론 컴퓨터공학도에 남다른 '촉'을 지닌 김어준의 3년에 걸친 탐구 결과를 일거에 해제해줄 사람은 없었다. 그러니 의문은 신빙성 있는 가설 즉 의혹이 됐다.

김어준의 의문점은 이렇다. 박근혜에 유리한 표는 개표 전반부에 집중적으로 공개되고, 후반부로 갈수록 문재인에게 유리한 표로 쏠린다는 점이다. 다시 이야기해 2012년 12월 19일 저녁 6시 40분에 시작한 개표는 거의 일치된 간격으로 박이 문을 리드하는 흐름이었다. 그런데 이튿날 새벽 5시 25분 이후 시간부터 4시간 동안은 문재인이 앞서는 결과였다.

우연이라고 쳐보자. 만약 문재인이 리드하는 그 개표 국면

이 개표로부터 4시간 동안 전개됐다고 치면, 방송3사는 4시간 이내인 밤 9시 '문재인 당선확실', 밤 10시 '당선확정'을 단언하지 않겠나. 박근혜의 경우처럼.

게다가 박근혜의 당선확실을 위한 3시간 20여 분의 여정 속에서는 석연치 않은 '농간의 흔적'이 보인다. 우선 개표장에 도착하지 않은 표임에도 집산돼 발표되거나, 이미 개표가 완료됐는데 발표되지 않은 일이 그렇다. 게다가 전체 통계에 연동될 수밖에 없는 부재자 표의 경우도 박근혜는 전체 평균에 부합한 득표율을 보인 반면 문재인은 현격히 적었다. 보정을 넘어 조작의 흔적을 의심하지 않을 수 없었다.

그러나 이 합리적 의심은 김어준의 말에 귀 기울이는 이들과, 오랜만에 '동지'를 만난 기쁨에 젖은 '개표부정론자'들 외에 공명되지 않았다. 보수는 물론, 진보언론도 무관심했다. 이들은 김어준의 말에 대한 답을 갖고 있다는 말인가. 그건 아닌 듯 보인다. 여러 주목할 문제점이 있음에도 개표부정론이 전혀 힘을 얻지 못하는 이유는 무엇일까.

정치세력, 언론 등을 포괄한 진영으로서의 보수와 진보는 서로의 이익이 다름에도 불구하고 이 이슈에 부담을 느끼고 있

다. '보수'는 오로지 집권 과정의 정통성이 훼손돼서는 안 된다
는 정치적 필요에 의해 철저한 외면 전략을 취한다. 반면 '진보'
는 표면적으로는 확실한 '팩트'가 있어야 한다는 주장으로 짐짓
객관적 태도를 취하고는 있지만 본질적으로는 이 이슈로 각을
세우는데 정치적 부담을 크게 느낀다. 1960년 3·15 부정선거를
규탄하며 항쟁으로 승화시키는데 있어서 야당인 민주당이 한
역할이 거의 없듯.

　　주목할 지점은 김어준의 퀴즈가 정선(精選)에 정선을 거듭한
것이란 점이다. 어수룩하거나 빈틈이 많은 의혹은 김어준이 의
도적으로 피한다. '김어준 파일'의 극소량만 공개된 것으로 보면
정확할 것이다. 독립적이고 정의로운 수사기관이 탈탈 털어낸다
면, 상당한 성과가 있을 것들이다.

　　김어준의 대선 이후의 일상은 여기에 집중됐다. 김어준의
자취는 '부프로젝트'에 집약된다. 앞서 소개한 "2012의 재구성,
다시는 그럴 수 없도록"이 이 과제 안에 녹아있다. 남은 두 가지
중 하나는 세월호 참사의 비밀을 다룬 것인데. 세월호는 왜, 어
떻게 침몰했는지, 항적도를 포함 진실의 단면들이 조작이 어떻
게 이뤄졌는지 규명하는 부분이다. 세월호 참사도 놀랍게도 대

선 개표 의혹과 마찬가지로 진실을 규명하는 길에 큰 장애물이 놓여 있고, 정치권과 언론은 이를 외면하고 있다.

물론 세월호 참사 진상규명을 위한 국가기구가 있다. 세월호 특별조사위원회. 하지만 정부 여당은 왜인지, 유가족을 당사자이기에 빼야 한다 강변하더니, 가해자 중 핵심격인 관계부처 공무원과 정권 수호에 몰두하는 친여인사들을 특별조사위원회에 넣고는, 회의마다 파행에 훼방을 야기했다. 결국 의혹의 바다에서 좌초되고 있다. 결국 민간의 몫이 되고 말았다. 김어준은 '백년전쟁'으로 밀도 높은 분석과 영상구성으로 각광받은 김지영 감독을 주목했다. 얼마나 집요하게 파고드는지 김 감독의 아호는 '미친'이 되고 말았다.

세월호 부프로젝트의 핵심은 이것이다. 책임자에 대한 재판에 쓰이고 있는 사고 당시 항적은 '해양수산부 AIS 기록', '해군 레이더 기록'이다. 그런데 예상치 못한 데이터가 하나 더 있었는데 당시 가장 먼저 현장에 도착했던 '둘라에이스호의 레이더 기록'이다. (둘라에이스 호의 기록은 정권으로부터 통제 및 조작 당할 이유가 없다는 점에서 가장 신뢰할 만하다.) 이 기록을 꼼꼼히 따져보니 세월호가 사고현장 부근 섬인 병풍도에 바짝 붙어 운항한 결과치가 나온다. 여기에 정밀한 해저지형도 위에 얹어보면, 바닷 속

산맥의 정상 부분을 따라간 것이다. 덧붙여 항해 중인데도 닻을 내렸다는 점. 결국 '고의 침몰'로 요약되는 것이다.

고의 침몰은 사실일까. 김어준이나 김 감독은 '단언'하지 않았다. 그래서일까. 오마이뉴스는 상당수 언론에서 '한 방이 없다' 타령을 하며 외면했다고 전했다. 그 상당수 언론들, 과연 권력자를 불편하게 하지 않을 이슈라도 이렇게 소홀하게 다뤘을까?

흥미로운 부분은 대선 개표 과정에서의 의혹과 세월호 참사와 관련한 김어준의 레토릭을 살펴보면 태도 변화가 느껴진다. 앞서 김어준이 거르고 거른 이야기만 한다고 말했다. 말 그대로 명징한 팩트만 소개할 뿐이었다. 물론 이 팩트에도 맥락과 운율이 있다. "그렇다면 이거 아닌가" 하는 부분은 시청자 독자가 하도록 만드는 것이다. 그러나 합리적이고 당연해도 가설이나 추론은 극도로 자제한다. 심약해진 게 아니다. 가설과 추론이 저들에게 '괴담 유포자'라는 프레임을 허용하지 않겠다는 방어적 태도다.

부프로젝트의 나머지 하나는 '저수지'. "누구나 알고 있지만 누구도 말할 수 없는 우리들의 돈이 고여 있는 저수지를 찾아 나서는 여정"이라고 했다. 이는 나꼼수 때부터 파고든 것이다. 이 저수지는 비단 특정 정치지도자 개인의 것으로 보기에는 난해

하고 불명확한 부분이 있다. 다시 말해 무척 크다. 확언할 수 있
는 건 저수지가 제대로 터져 바닥이 다 드러나는 순간에 직면하
면, 그 파괴력은 짐작한 그 이상이 될 것이란 점이다.

대선 후 패션 디자이너로 살겠다던 김어준은 예기치 못한
'사회봉사 활동'을 벌이고 있다. 2012년까지의 나꼼수가 미완이
었기 때문 아닐까. 그를 붙잡는 건 어떤 투철한 사명의식은 아니
다. 나꼼수를 지지하며 새로운 세상을 갈망했던 동지적 관계의
시민들에 대한 의리다.

사실 안타깝다. 나꼼수 이후로 누군가라도 전면에 나서 한
국 사회 반민주 독재의 퇴행을 막아야 했다. 정치인 중에 새누
리 권력과 맞서는 이들이 아주 없지는 않았다. 하지만 그들 상
당수는 20대 공천 과정에서 야당 득표에 저해되는 인물로 낙인
찍혀 배제 도태되고 있다. 온갖 화살을 혼자 다 맞아 '고슴도치'
가 된 정청래가 단적인 예다. 그는 소속 정당인 더불어민주당에
서 공천 배제됐다. 김어준은 "사람이 의리가 없으면 염치라도 있
어야 한다"며 공개적으로 탄식했다.

김어준의 정청래에 대한 신뢰는 깊다. 그는 나와의 사적 메
신저를 통해 정청래에 대해 이렇게 평가했다. "정청래는 다른 정

치인과 달리 의리가 있어. 자기 욕심을 누를 줄 아는 게 결정적인 차이지. 사람의 품격은 이런 거다. 진국이다." 정청래는 며칠 뒤 '선당후사'를 앞세우며 당의 낙천 횡포를 수용했다. 김어준의 일생을 관통하는 인간됨의 기준은 '의리'다. '의리'가 살아있는 사람이라면 정치적 성향 이념적 지향점이 다른 인사와도 소통할 수 있다.

그러나 정치는 기본적으로 사술과 공작이 지배하는 곳이다. 단적으로 내가 살기 위해 상대를 죽이고 짓밟는 것인데, 이를 정의(正義)로운 투쟁으로 미화하는 풍토 아닌가. 이러다보니 '이기적 욕망을 어떻게 명분 있는 행동으로 포장하느냐'가 정치의 또 다른 정의(定義)라 하겠다. 게다가 한국에서 야당하기란 참 취약하다. 자본은 물론, 담론생성구조가 한쪽에 쏠려 있기 때문이다. 그래서 그들의 이익을 대변하는 언론이 막말 프레임, 운동권 프레임, 종북 프레임, 정국 발목잡기 프레임을 작동하면 건건이 발목 잡힌다. 정치인의 오랜 속성을 보면 불리하면 부정하고 도움 안 되면 반목한다. 반면 인기를 모을 때에는 온갖 친한 척 가까운 척한다. 희생, 의리를 정치 바닥에서 찾는 건 모래사장에서 구슬 찾는 꼴이다. 이상과 미몽에 그칠 수밖에 없다.

이것은 나꼼수를 거치며 느낀 한국 야당의 맹점이다. 스스로, 남에게 없는 강점을 키우고 결핍을 채울 생각이 없으니 간판과 구실을 꿔다 쓰는데 능하다. 요컨대 주체적이지 못하다. 당연히 의리란 구실에 그치고 말뿐이다. 비정함은 상식이고, 몰염치는 관행이 돼 버렸다. 이것이 극복되지 않는 이상, 누가 무엇을 하더라도 제1야당은 불임상태 그대로일 것이다. 김대중, 노무현 아닌 누군가가 이 야당의 체질을 잊게 하는 강력한 지도자로서 명망을 얻고 있겠나.

김어준 평전에서 '세상을 변혁할 기제로써 과연 나꼼수 시즌2가 나올 것인가'라는 의문을 찾고자 하는 분들이 적잖을 것 같다. (야권 패배의 원흉으로서 이젠 박물관에나 가야 한다는 차원에서 나꼼수를 보는 이들도 있겠지만.) 그 대답에 앞서, 나꼼수든 누구든 한국 야당에 염치는 고사하고 의리라도 회복돼야 뭘 해도 된다는 이야기를 하고 싶다. 의리는 간단하다. 기쁠 때 같이 기뻐하고 슬플 때 같이 슬퍼하는 공감이다. 정서와 분위기에 편승하는 것과 다르다. 인간다움이다. 어느 정파, 어떤 정치인의 승리 그 이전에 추구해야 할. 인간다움이다.

은하계 최초 잡놈
김어준 평전

초판 발행 | 1판 1쇄 2016년 6월 7일
초판 발행 | 1판 3쇄 2016년 9월 9일

지은이 | 김용민
펴낸이 | 조성길
기획 | 박현경
펴낸곳 | 인터하우스
출판등록 | 제 2014-000135호
주소 | 서울시 마포구 잔다리로 35 서운빌딩 403호
전화 | 02-6015-0308
팩스 | 02-3141-0308
이메일 | inter_house@daum.net

© 김용민, 2016, Printed in Seoul, Korea

ISBN 979-11-954353-2-6 03300